田口理論

母子密着育児を提唱した
田口恒夫先生との三十年

桐ケ谷まり
Kirigaya Mari

冬花社

田口理論——母子密着育児を提唱した田口恒夫先生との三十年 ◎ 目次

第二章　田口理論に導かれて

カバー絵　著者
装幀　大槻慎二

田口理論

——母子密着育児を提唱した田口恒夫先生との三十年

はじめに

コロナ禍で、世界は変わった。
これからは、密閉、密集、密接を避けることが当たり前になるかもしれない。
しかし、母子密着育児の密着だけは避けてはならない。

「母子密着育児」という言葉を私がはじめて聞いたのは、今から四十年以上も前、母校であるお茶の水女子大学の田口恒夫先生の講義の中でだった。
田口先生は当時五十歳前後で、俳優の笠智衆に似た美男子だった。あれほど素っ気なくて、それでいて魅力にあふれた人物を私は他に知らない。

私は、大学と大学院の修士課程で田口先生の教えを受け、先生が退職されてからは、田舎の村の御自宅まで、何度も何度も一家総出で押しかけ、大自然の中で実に多くの学びを得た。

それなのに、「田口理論」は、なかなかわからなかった。

長年、多くの子どもたちを見ながら考え続け、還暦もとうに過ぎて、ようやくこの頃少しわかったような気がする。

本書は、不肖の弟子が「田口理論」を理解するまでのエピソードを、時の流れに乗せて描いたものである。

第一章　田口理論

田口恒夫先生との出会い

四十五年前の春。

私は大学の入学試験にことごとく落ちて、浪人するか、就職するか、決められずにいた。思いあまって、中学三年時の担任だった奥田理先生に相談すると、先生は、

「一年浪人して勉強すれば、国立大学に入れる子だから、一年浪人させてやってください。」

と、母に頼み込んでくれたのである。

そして、上京。

新宿の予備校に通い始めた頃は、文学部の国文科に進むつもりでいた。

高校二年の夏休みに、『徒然草』を最初から最後まで、注釈を頼りに通しで読んで

夢中になった。大学では兼好法師についてもっと詳しく勉強して、高校の国語教師になるか、もし、できたら大学院まで進んで、研究者になれたらいい、と夢みたりした。

予備校の授業は、出欠席も取らず、どこの席に座わってても自由だった。私は、国立大学に合格しなければ、と思い込んでいたので、毎朝一番乗りで、前から二番目の列に座わった。すると、必ず三番目の列に座わる女の子がいる。真後ろか、斜め後ろに座わるので、すぐ仲良くなった。

彼女は、よく家族の話をした。

「ふたつ違いの大学生の姉がいるんだけど、児童学科に行ってるの。児童学って聞いたことある？　ものすごーく、おもしろいんだって。」

そんな言葉を何度も聞いているうちに、私はその児童学というものを知りたくてたまらなくなって、とうとう或る日、児童学のわかりやすい本を一冊貸してほしい、どうかお姉さんに頼んで借りてきてください、と彼女にお願いした。

『児童における人間の探究』（光生館）という、お茶の水女子大学家政学部児童学科の教官たちが共同で執筆した入門書を、「はい、これよ、お姉さんが、ごゆっくりどうぞって。」と渡された時は、わくわくした。帰宅してすぐに読み始め、夜も眠らず読み通し、特におもしろいと思ったところは二度、三度と読み返し、夜が明けた頃には、世界が一変したような気持ちになっていた。どの講義もおもしろかったが、とりわけ、その頃は助教授だった田口恒夫先生のお話に心を惹かれた。児童学を勉強すれば幸せになる、というのである。

> 楽しいですよ、生きてるってことは。もうどんどん変わっていきます。それで変われば変わるだけ、児童学を勉強しながら変わったとすれば、変わるだけ、皆さん自身が、その分だけかならず、確実に幸せになります。そして皆さんの周りにいる人を、その分だけ幸せにする力を持つようになります。
>
> （『児童における人間の探究』）

確実に幸せになるという児童学を学ぼう、児童学科に行こう、と心に決めたものの、私は数学が苦手で成績も悪く、偏差値は五十に届かなかったから、予備校のクラス担任は、お茶の水女子大なんてとても無理だ、諦めなさい、と言う。

しかし、どうしても諦められない。そこで、ひとりで志望校の入試問題を調べ始めた。予備校の資料室だけでは足りず、母校の高校の図書館まで出向いて過去三十年分の数学の問題を書き出して分類してみると、大体、決まった三つの分野からしか出題されていないことがわかった。しかも、幸運にも、方程式と平面図形と、あと一つ何だったか忘れたが、私にもかろうじて解けそうな分野だった。

死にもの狂いで勉強し、やっとの思いで、どうにか合格し、あこがれの田口先生と対面した時の喜びは、今も忘れない。

入学直後のオリエンテーションは、教官と新入生全員で出かける一泊旅行だった。児童学科は教官七名に対し、生徒の数は一学年三十五名という、小さな家庭的な所帯であった。

広間での教官と学生の自己紹介が済むと、各部屋に戻り、今度はそこに教官が顔を出して親しく語りかけてくれるという。私たちの四人部屋の担当が田口先生だった。

だが、疲れたので、という理由で、先生は姿を見せない。がっかりした。

翌朝、広間で朝食の席につくと、斜向かいに田口先生が涼しい顔で座わっていらっしゃる。

パクパク、モグモグ、ゴクゴク。

と、食べ終えるや、食器を重ねて入れ子にし、ひとまとめにしてから、真中のコップの中に、バナナの皮を滑り込ませ、お盆の上にあったものを全部コンパクトに収めてしまった。


なんて不思議な人なんだろう……


ずいぶんあとになって、この旅行で一緒だった友人にこの話をしたら、

「海軍にいたからよ。うちの父も海軍だったからわかるの。同じだったわ。」

そうだったのか……。

知識のあるのとないのとでは、理解の程度がまるで違う。

それを教えてくれた彼女も、今はもう、この世にいない。

快刀乱麻を断つ

田口恒夫先生の略歴を『ことばを育てる』（リヨン社）等から抜粋して紹介しよう。

一九二四年一二月二一日、静岡県富士宮市生まれ。旧制静岡高等学校文科卒。北海道帝国大学医学部入学、即休学。

志願して第一五期海軍飛行専修予備学生、任官、海軍少尉、復員、復学。

一九四九年、北海道大学医学部卒業後、東京大学医学部助手（整形外科）、肢体不自由児施設・整肢療護園医員などを経て、五四年、ＷＨＯ（世界保健機構）フェローとして脳性マヒ児の言語障害治療の視察のためアイオワ大学言語病理学科に留学。

五七年には、言語障害の診療全般の学習のためカンザス州ウィチタ大学言語障害研究所修士課程に留学。
帰国後、五九年、国立ろうあ者更正指導所医療課長（のち言語課長）に就任。六四年、お茶の水女子大学助教授、のち教授。この間、ＮＨＫ教育テレビ「テレビろう学校」「ことばの治療教室」「子どもの発達相談」などに出演。八八年、定年まで二年を残して退職。栃木県の山村に移り住み、農的田舎暮らし。

先生は、自分は学者でも研究者でもなく、目に悪いから勉強も好きじゃない、何か知りたいことがあると、学生が手分けして、せっせと調べてくれてありがたい、などと言って、自己紹介では、よく「臨床家」という言葉を使った。

先生の研究室には、全国から、ことばの問題を抱えた子どもとその家族が集まってきたが、臨床家は、その子どもをよく見て、家族の話に耳を傾け、どうすれば親子関係が良くなって子どもがしゃべり出すか、ひとりひとりに合った方法を考えるのである。

国立大学の中にある治療室だから、治療費はほとんどもらわなくてすむ、と悩み苦しんでいる家族の金銭的負担を思いやり、また、小学校入学を一年遅らせてもらえればこの子はものすごく助かるだろうと判断すると、わざわざその子どもの住んでいる地方まで出向いて行って、県の教育委員会に直談判してお願いをしたりした。

しかし、すげなく断わられるのが常だったという。

学生たちの間では、田口先生は変わり者で通っていた。

「お兄さんが何人もいるんだけど、みんなすごいのよ、文学博士、工学博士、理学博士。みんなすごい秀才の大学教授ばかり。兄弟そろって変人なのかしら。」

「先生に、卒業論文のテーマを決めるように言われて、提出したら、よくもこんなつまらないテーマを思いついたねー、だって。」

「卒業アルバムを先生方にもプレゼントしたんだけど、田口先生だけ、そんなもの要りません、意味わかりません、てそっぽ向かれた。」

或る日、

「すぐ上の兄貴は何でもできて、秀才なんだけど、たったひとつ、欠点がある。」と、講義の途中でいきなり重大発表のような口ぶりになったので固唾をのんで待ち受けると、先生はにやっと笑い、

「目が悪い。裸眼ではほとんど何も見えない。」

人間を、機能、もしくは、性能、という切り口で見ていたのは、もともとが整形外科医だったからか。

「脳性マヒで、自分の足でうまく歩けない子どもに、訓練ばかりさせて苦しめたけれど、肌の色が黒いアフリカの子どもに石けんとタワシを渡して、これでがんばって洗ってこすれば、いつかきっと白くなる、と言ってるのと同じだった。歩けないで困っている子には、良い車椅子を買ってやればよかった。」と、医者になりたての頃に勤務した肢体不児由児施設での体験を振り返り、

「障害者、障害者って言うけど、じゃあ、あなたは何でもできますか、ひじが、内側にしか曲げられないじゃないですか、外側にも曲げられたら髪の毛をとかすのに便利なのに。訓練しますか？」

「首が傾いでいて、いつもよだれを垂らしている子に、センセー、将棋やろう、勝負

しよう、と呼び止められて、じゃあやろうか、オレ、東大の医局にいるんだぞ、そのオレと勝負したいとは、いい度胸じゃないかと思いながら、向かい合ってやってたら、ははは一、先生の負け一、ボクの勝ち一、って、手をたたいてるんだ。あれ、おかしいな、本当だ、負けだ、変だなー、オレ東大で博士号とったんだぞ、って思っても、どう見ても、負けだった。おもしろいねー。」

対局相手の喜びようが目に浮かぶ。

やはり医師であったその施設長から、「田口君、アメリカに視察に行ってくれたまえ。」と命じられて、一九五四年、ＷＨＯのフェローとしてアイオワ大学言語病理学科に留学した。

そこで、言葉をまったくしゃべらない、人と対話することができない子どもを見て、田口先生はたいへん驚き、同時に、こういう子は日本にはまだいない、と思ったそうである。

その後、アメリカで会ったような、人とつき合うことのできない、対話のできない子どもが、日本でもみるみる増えていくのを、先生は太平洋をまたいで、リアルタイムで、つぶさに観察することになる。

「アメリカに最初に行った時は、一応英会話の勉強をしてから行ったけど、実際には全然話せないし、まず、聞きとれない。それで、困って、視察するため通っていた治療室の、治療される側に回ったんだよ。」

「えっ、しゃべれない子どものための治療室の？」

「そうだよ。治療するのは大体、大学院の学生だからね、私より年下だから、平気だったよ。オレは英語がしゃべれないし、聞きとれないから、とにかく、発音を、いちから、丁寧に、ゆっくり、わかりやすく教えてくれよ。やさしくな。オレは、東大の医局の医者なんだからな。本当は偉いんだ。だから、やさしく教えてくれなくちゃだめだぞ、って脅したんだよ。」

　先生の名誉のために付け加えると、留学した時にはまるでできなかった英語だが、帰国後、検定試験を受けてみたら、英検一級に合格、しかも優秀賞を受賞して表彰されたそうだ。

先生は、講義の合間に、板画家の、棟方志功氏のことをよく話してくれた。
「いつだったか、ラジオで、棟方さんが話しているのを聞いたことがあって、へー、おもしろい人だなー、いつか会って話してみたいなーと思っていたら、ある日、学生のひとりが、講義が終わりかけた時、となりにいた学生に、きょう、棟方さんちの息子さんのパーティに行くの、って言ってるのが耳に入って、オレも連れてってくれ、と強引に押しかけたのがはじまりでね。」

「その時、アメリカ人の画商かなんかが、商談にやって来てたんだね、でも、英語がしゃべれる人がだれもいない。棟方さんも全然ダメ。あの人はずっとズーズー弁だったし。私は、あの北鎌倉のアトリエの庭の隅にあった大きな石に座わって待ってたんだけど、困ってるみたいだったから、通訳したんです。それが、すごく喜ばれて、棟方さんは、私が座わっていた石を、田口先生お座わりの石、と命名して、それから何だか、えらく信用されて、いつでも遊びに来てくれって言われたんだよ。」

「何度も北鎌倉のアトリエに通いました。ある時、棟方さんが、田口先生には特別に、良いものを見せてあげる、と言って、庭にあった物置小屋に案内してくれてね、何だろうって思ったら、棟方さん、ほんの十センチ位入り口の扉を開けて、うれしそうにおいでおいでって手招きするんだよ。」

「中をのぞくと、全部、板木。床から天井まで、びっしり、物置の中、全部、板木だけなんです。私が驚いていると、棟方さん、また、にたーって笑って、いいでしょーって言いました。」

「またある時は、もうすぐこの作品ができあがるから、そこで待っててください、って言われたので、すぐそばで棟方さんが彫るの見てたんです。棟方さん、目が悪くてね、板木に目をくっつけるようにして彫ってる。女の人の顔を彫ってるんだけど、ちょうど板の端の角で、その女の人の頭がちょんぎれてしまいそうになったから、私が、あわてて、あっ、だめだ、頭がちょんぎれる、失敗だ、と叫んだら、棟方さん、手を止めて、こっちを見て、にたーと笑ってね。失敗なんて、ないんだよ、と言うんだ。」

「何でも、仏様が、自分を通って、彫らせてくれている。だから、失敗なんて、ないんだそうです。」

「しかし、あんな子どものような絵がね、なぜ世界的に認められて、高い値で取り引きされるのか、どうしてもわかりませんでした。」

　確か、ビエンナーレか何かで国際的な賞をおもらいになりましたね、棟方さんの作品には、西洋には全くないものがあったんじゃないでしょうか、と私が言うと、先生は、そうかもしれない、とつぶやき、

「でも、字はいい。棟方は、すごく良い字を書きます。そしてとにかく、本当におもしろい人でした。はてしなくおもしろい人でしたよ。」

「棟方さんは子どもの頃、野原で遊んでいて、転んで、地面にうつぶせになった時、目の前に、タンポポか何か、花が咲いてた、その花の美しさに感動してしばらく動けなかった、と言うんだ。私は、そういうのが全然わからない。花を、きれいだなんて

思ったことは一度もありません。よくできてるな、とは思いますが。」

「絵がわからないから、水墨画を習おうかと思ったことがある。ＮＨＫの番組を見て、入門セットも買ってみたけど、ダメでした、水墨画には、色がないのだから、描けると思ったんだけど。」

水墨画には、色がない……。

「とにかく色が全然わからないから、何か事件の目撃者なんかになっちゃったら大変だぞ、って思ってた。何色の服を着てたかと聞かれても覚えてないし、答えられないからね。」

そんな、芸術とはまるで縁のない田口先生が、棟方志功氏の思い出話を何度も何度も実にうれしそうに語ったのは、人として、余程好きだったからに違いない。私が入学する何年か前までは、大学の集中講義の講師として招き、学生達にも氏の謦咳に接する機会を与えたそうだ。

「私はお金を稼ぐ能力がないから、惜しみ惜しみ大事に大事に使うんだよ。」などと言いつつ、先生は人をお金や地位で判断するようなことはなくて、人柄、つまりその人らしい確かな輝き、その性格の清らかさと面白味の混ざり具合に着目していた。

そして、私は先生のそういうものの（人の）見方にひどく心を惹かれ、そういう見方のできる人間になりたいと思っていた。児童学科流に言うと、レッテルを貼らずに人間を見る、ということである。

私が入学した頃の児童学科には、小児医学・法律・福祉・保育学・児童文学・動物と人間の比較発達学などを専門とする先生方が居並び、子どもの幸せのために、切磋琢磨していて、キラ星のようだった。

後年、女性初の学長を務めた本田和子先生は児童学科の一期生で、児童文学を読み解いて、児童文化というジャンルを創設し、ベストセラーを連発して華やかだった。

入学当初に受けた講義で、本田先生が大きな目をくるくるさせながら、一枚一枚ページをめくり、私たち全員に読み聞かせをしてくれた名作絵本の数々は、その頃すでに古典であったが、あれから四十年以上たった今もなお、世界中の子どもたちの間でひっぱりだこである。それだけでも、子どもには、子どもに特有の、子ども時代だけがもつ、輝きがあることがわかる。

人生が五十年だった頃の子ども時代と、百年という長い人生の中の子ども時代とでは、比重が違う。

生まれて、おっぱいを飲んで、遊んで、学校へ上がり、卒業したら働いて結婚して子どもを育て、成長した姿を見届けたところでちょうど寿命が尽きて五十年。

人生百年ということは、そこからさらに五十年を生きなければならない訳で、子ども時代を思い返すことが度重なり、自分の人生の源流がどこにあるかを探す試みが熱心になされるようになるのではないか。子どもらしい子ども時代を過ごした人にとっては、その思い出が宝物となって、百年を生き通す原動力になるだろう。

私は、児童学科の先生方全員があまりにも魅力的だったのでもっとそばにいたくなり、大学院の修士課程に進んだ。それ以前から仕送りはなく、アルバイトをかけもちして生活していたが、下宿代は一万一千円だったし、授業料は年間九万八千円の時代。

しかし、修士論文を書きながら、こういう型にはまった文章を書くのは私には無理だと悟った。

そこで就職先を探すと、九州の女子短大が講師を募集しているという。応募したが、父の猛反対にあい断念せざるを得なかった。それなら創設されたばかりの博士過程に進もうとあわてて試験を受けたが不合格。その上、六年間暮らした四畳半一間のアパートを、建て替えるからと退去を迫られてしまった。

そこに追いうちをかけるように父の嫌がらせが始まった。始まったというより、子どもの頃から続いていた精神的虐待の集大成ともいうべき猛攻撃で、持ち物検査、外出制限、交友関係の洗い出し、郵便物の検閲、そのうえ、私の友人知人に電話して私の悪口を言いふらし、断っても断っても下宿に押しかけて来て、無視していたら、大学構内の掲示板に私に名前が貼り出されている。「行方不明者」と書かれていたので、学生課に行くと、父からの通報で私はお尋ね者にされていたのである。ぞっとした。貼り紙は外してもらったものの、父が異常者であることはわかっていたから、海外に高飛びしようかとも考えたが、旅費がない。

そこに救いの手を差しのべてくれたのがいまは亡き夫だった。以前からの顔みしりでその誠実な人柄はのみこんでいたが、どこからか噂を聞きつけたらしく、事情を知るや「じゃあ、僕と結婚しよう。うちへ来ればいい。」と真顔で言うものだから、私もその気になった。

翌月、私は神奈川県の逗子に嫁ぎ、夫の希望にしたがって専業主婦になった。ちょうど、女性の社会進出が盛んになってきた頃だったので、私は時代に逆行したことになる。

再会

田口先生が、定年を待たずに退職し、栃木県の山奥の寒村に移り住み、自給自足のような生活を始めるらしい、という話は耳にしていたが、それはどうやら本当らしく、引きとめても無駄だと悟った一部の学生が、はなむけに地下足袋を贈ったところ、先生は大喜びだったとか。

先生は別荘をそのまま購入するような野暮な真似はしない。

『現代農業』二〇〇一年増刊号のインタビュー記事によれば、

千葉から中古のプレハブの二階家を運んで組み立て住まいとした。荒地を開墾し、スコップで井戸を掘って水を確保。粘土質の畑を耕し、果樹を植えながら、週三回、東京に講義にも通った。「一日の終わりが自分の体力の限界」という生活を続けるうちにガンが発見され、胃を切除してめっきり体力が低下してしまった。

先生の退官が正式に決定し、次の講義が最終回になる、との知らせを受けて、私はしばらくぶりに大学を訪れた。すると廊下でばったり先生と出くわしたので、「昔の卒業生ですが、講義を聞きたくて参りました。出席してもよろしいでしょうか?」と尋ねると、「講義を聞くのに許可なんていりません。」と言って、先生はほんの少しうれしそうな顔をした。それ以外は、上着も歩き方も後ろ姿も、何も変わっていなかった。

最終講義が終った時、田口先生のいなくなった大学に、私はもう来ないだろうと思った。

家ではふたりの子どもが待っていた。

長女と長男は、学年ではふたつ違いになるが、年子のようなものだから、けんかばかりしている。正確に言えば、常に、長女が長男をいじめている。

仕方なく、私は長男をおんぶしたまま、長女の面倒を見、料理掃除洗濯に追われていた。ちょうど紙おむつが出回り始めた頃だったが、高価な上、品質もあまり良くなかった。それでも、ふたりぶんの布おむつの洗濯は大変で、乾燥機もないので、おむつが外れつつあった長女の方にだけ、紙おむつを当てがった。

するとある日、「メリーズがいい。」と長女が言うのである。

今つけているのはゴワゴワして、どうもお尻が心地良くないから、昨日まで使っていたメーカーのものに替えてほしい、というのだ。

一歳八ケ月だった。

またある日、

「むし、むし。」と長女が叫ぶので、あわてて料理の手を止め、見ると、一匹の蜂が、長男を寝かせている布団の上にまさによじ登ろうとしているところだった。間一髪、蜂を窓から外へ追い払い、「教えてくれてありがとう。」と長女を抱きしめた。

長女は、長男をいじめてばかりいる、と思っていたが、やはり、そこは年の近いきょうだいで、気になったり、気にくわなかったり、気を配ったりしながら、一緒に暮らしているのだった。

　おむつを洗い続ける日々の中で、私は大学院まで行ったのにと、しばしば思い、社会で活躍している友人たちを羨ましくも感じた。

　負け惜しみにかなり近いけれど、この幼いふたりとの暮らしにも人間関係のもつれがあり、あやがあって、これもささやかながらひとつの社会ではないか、と思ったりした。


　一歳八ヶ月で紙おむつのブランドを指定した長女も、今では結婚して、満一歳の男の子の母親である。

　この孫が生後七〜八ケ月の頃、

「親子三人で遊んでいて、お父さんが笑うと、私も一緒に笑っているかどうか、すぐ私を見て確かめるんだよ。私が先に笑うと、すぐお父さんの方を見て、笑っているかどうか見るの」と長女が教えてくれた。

　ここにもひとつの社会がある。

港区のタワーマンションの最上階に住んで、一流ブランドのスーツに身を包み、パリやロンドンへの出張を難なくこなして成果を上げれば、間違いなく成功したビジネスウーマンだが、旅行も外食もしないで狭い家の中で子どもとだけ過ごしていても、一日一回、近所の緑の多い公園でゆったりと深呼吸をし、本人が毎日を楽しいと思えるならば、その楽しさは子どもに伝わり、夫に伝わり、社会へ広がっていく。

　私は結婚するまでほとんど料理をしたことがなかった。

　長女と長男が幼稚園に通っていた頃のクリスマス・イブ、ふたりを喜ばせたくて、フライパンで焼けるアップル・ケーキを作り、だれかにもらったキャンドルに火を灯し、生協で四本二百円の冷凍の鳥の骨つきもも肉を買って、解凍して味を付けてローストし、持ち手の所をアルミフォイルでくるみ、やはりだれかにもらった赤いリボンを結んだ。

　すると、ふたりは、

「わーい、わーい、うれしいなー。」

「わーい、わーい、すごいなー。」

と手を取り合って踊って喜ぶではないか。

一本五十円なのに、あんなに喜んでいる！

その時、固く心に決めた。何としても毎日修業を重ねて料理の道に精進しようと。

成果はともかくとして、あのクリスマス・イブが、大事な人を喜ばせる喜びと、その喜びが自分を幸せにすることを教えてくれた。

それから何年も過ぎ、子どもたちも成長し、大学のことなど忘れかけた頃、児童学科の同窓会誌の創刊号が送られてきた。開くと、そこに田口先生の顔写真があった。お元気そうな近況報告に添えて、「うちのすぐ近所に、町営のペンションができたから、遊びに来て、そこに泊まって、私を夕食に招待してくだされば、喜んで、十時の門限までおしゃべりにつきあいます。」とのコメントが載っていた。一分後には、ペンションに電話をかけて、予約してしまった。日程を知らせた時に先生から届いた葉書が残っている。

このたびは、「ジネット」の記事に早速お応えくださり、お出でくださる決断をしてくださいましたよし、ありがとうございます。

私は今やもうまったくの、ただの百姓でありまして、昔女子大の先生だったことがあるなどということも殆どもう記憶から消えてしまっています。

したがって、昔学生だったという人が訪ねてきてくださるなどということは、信じがたいような、不思議な、夢のような、嬉しい知らせです。楽しみにお待ちしております。

なんせ、東北本線からも常磐線からもじゅうぶん遠い、極端に交通不便なところですので、さぞ大変かと思いますが、どうぞ気をつけておいでください。（略）

一九九三年十月八日

翌月十一月十三日、私はひとりで、栃木県の山奥の先生のお住まいを訪ねていった。

なぜ日付まで覚えているかというと、それがちょうど、長女の十歳の誕生日の翌日だったからだ。

先生に会いたい一心で、はやる胸を押さえ押さえ、錦秋の山道を歩いて行った日を思い出す。

「よく来たねー。」

うれしそうに先生は続けて、

「あなたの顔、覚えてるよ。」

そして、私を庭の見える部屋に招じ入れ、先生専用の炬達で向かい合わせになった。

先生はお年を召して、お顔立ちも雰囲気もさらに笠智衆にそっくりになっていた。

「ジネットに広告を出せば、きっと、だれかあわて者が飛んで来る、と思ったよ。」

確かに、あわててすっとんで来たのだ。先生はいつもこんなふうな言い方をした。

最高の知性が、照れながら、まっすぐ核心に迫るので、独特のおかしみが生まれる。

それが、先生の真骨頂であった。

奥様がお茶をいれてくださった。

それから、夕闇が迫るまでおしゃべりをして、この時はじめて、先生が静岡県の富士宮市の出身であることを知る。

なぜか北海道の人だとばかり思い込んでいた。

「北海道大学で学んだだけだよ。富士山のふもとで生まれ育ったんだよ。」

「私は山梨県の鰍沢町です。」

「えっ、鰍沢？」

「はい、御存知ですか？」

「知ってるさー。」

「じゃあ、富士山をはさんで、あっちとこっちで、人となったんですね。それじゃ、先生も甲州弁を話してたんですか？」

「ほうだよー。」

「あー、ほうけ。」

ふたりで大笑い。

「逗子に住んでいるの？」

「はい、結婚してずっと逗子です。」

「私は医学部を卒業してすぐから一年間、久里浜の野比の松林の中の国立病院で、まことに楽しい無責任なインターン生活を送りました。よく海に潜ってアワビ獲って食ったなぁ。今でもあの磯の光景が目に浮かびます。」

先生はなつかしそうに目を細めた。

「ところでお子さんは？」

「ちょうど十歳になった女の子と八歳の男の子です。」

「ちょうど十歳？」

「はい。」

「十歳は、不思議な年齢でねー。」

「え、どうしてですか？」

「私は発達心理学なんかを勉強したことがないのでうまく説明できないのですが、臨床的には、『変わり目』の年齢です。それまでは子どもで、障害をもっていてもたいして気にせず、いじめられてもあまり根にもったりしなかったのに、その頃から本格的に『自分』をもち始め、それまでは親に『もっとああしなさい、こうしなさい、気をつけなさい』などと始終言われていても平気だったのに、かたくなにひとりでくよくよしたり、本気で自分を責めたり、劣等感をいだいたり、人に嫌われないように必死で無理したり、というようなことが現れ始める年齢です。」

「はあ、そう言えば、この間、長女とゆっくり話をしていて思ったんですが、まるで一人前になっていて、びっくりしました。よく人を見ているし、よくわかっているし。それまでずっと、外が好きで、動物がやたら好きで、まるっきり野性の、動物みたいだったのに、なんか、人として、出そろった、という感じがしました。」

「うん、そうそう。」

「それで、何となく、私も、色々と、ひと区切りついた気になって、お母さん一日か二日、旅に出てもいいかしら、昔の先生に会いたいの、と聞いたら、いいよ、行ってきなよ、ってお許しが出たんです。」

「よかったねー。」

「はい、こうして先生と再会できてうれしくてたまりません。」

「あなたはなぜ児童学科に来たの？　やっぱり子どもが好きだったのかな。」

「ええ、子どもが好きでしたし、それに。」

待ってましたとばかり、予備校時代のエピソードを披露すると、先生はひどく喜び、

「それは、すごくいいね、すごくいい大学の入り方だね。」

ラッキー

話が弾んだ。

ひと通り、昔話や噂話をした後で先生は、

「あなたは、ラッキーな人だ。」と、私の顔をまじまじと見つめて言うではないか。

驚いた。

自分は不運な人間だと、ずっと思っていた。

私がけげんな顔をしたのだろう、先生は続けて、

「あなたくらいの年齢の人は、普通は、子どもを名門校に入れるとか、旦那の給料が少ないとか、家のローンとか、そんなことばっかり考えている。」

「はい、みんな、そんな感じです。」

「でも、あなたは違う。あなたはラッキーな人だ。」

先生の説明はそこまで。なぜ私がラッキーなのか、納得がいかなかったが、「なぜ私はラッキーなのでしょうか。」などと間の抜けたことも聞けない。質問の仕方がわからない。なぜか、夏目漱石の『それから』の一節が思い浮かんだ。

「人間の目的は、生まれた本人が、本人自身のために作ったものでなければならない。」

この文章を読んだ時に感じたのと同じ手触りを感じた。自分で筋書きを書いて、自問自答しながら納得づくで進むひとすじの道。人の目も親の圧力も届かない、心の奥の、満々と水を湛えた青い湖をひとりで泳いで渡るのだ。

田口先生も、人生の節目節目で、自分が感じた確かな感じを頼りに、決断し、転身し、独自の生き方を切り開いてきた人だった。

アメリカ人が「セルフ・メイド・マン」と呼ぶ、自分で自分らしさを作り上げて自由を謳歌する、自主独立の人。

偏差値も年収も、その時その時代のものさしにすぎない。

そんなものにふりまわされず、自分の生きたいように生きて、それでだれにも迷惑をかけないならだれにも遠慮する必要はない。好きに、のびのびと、自分らしく、楽々と暮らして構わない訳だし、どう見ても、あなたもそんな感じですよ……ということかな……と思ってみる。


日が暮れて、外が青く染まり、それから濃い藍色に変わっていく庭の中央を、見たこともない変な鳥が二羽、よちよち歩いて来て、こっちを覗いている。

「あの鳥、何ですか？」

先生は、にやっ、と笑って、

「フランス鴨。」

「えっ、あれが鴨？」

「ほうだよ、バリケンともバーバリーとも呼ばれているけど、フランスでは、日本におけるニワトリくらいポピュラーな鳥らしい。うちでは、シメて食べてるよ。」

「私も欲しい。」

「食べますか？」

「食べずにかわいがります。」

「じゃあ、年が明けたら、あげましょう。もうじきヒナがかえるはずだから、それが二十日ビナになったら、二、三羽あげるよ。」

「主人は畑で野菜を作って、庭では花を育てています。私は鳥が大好きで、子どもの時分には文鳥が友だちでした。」

「御主人が畑仕事をする人なら、この本をあげましょう。ちょうど、できたてのほやほやの、農業に関する本です。畑仕事があまりにも重労働だったので困ってね。」

自然の中で、自然のサイクルや生態系に従って、できるだけ無理をしないで農業ができないものか、どこかに本物の知恵者はいないかずいぶん探し、ついにお手本を発見したのだという。

それはオーストラリア人の学者が英語で書いた教科書だったので、多くの人の役に立つよう、日本語版を出そうと決意して翻訳を手がけ、英語の達者な人と協力して『パーマカルチャー　農的暮らしの永久デザイン』（農文協・一九九三年刊）を出版した。

農業だけにとどまらず、暮らし全般にわたって「持続可能な開発目標」を示したこの本は、ロングセラーとなる。

その日の夕食は、私が投宿していたペンションに先生をお招きして、また話し込んだ。

翌朝、チェックアウトを済ませると、車で先生が待機していて、遠いＪＲの駅まで送ってくれるという。

先生のハンドルさばきは素晴らしく、曲がりくねった山道をすごいスピードで走り通した。

帰宅すると、ファックスが届いていた。

「こんな山奥では滅多にない、うれしい、たのしい日でした。またいつでも遊びにおいで下さい。」

もちろん行きますとも！

鴨をもらいに

明けて、一九九四年一月。

酷寒の中を、鴨をもらいに、今度は家族全員で出かけて行く。

動物好きの長女が、それまで飼っていたうさぎに死なれ、あまりに嘆き悲しむのを見ていられず、代わりに何か動物を飼いたいと考えていたところだった。

事前にファクスでやりとりをして確かめた限りでは、フランス鴨は、たいへん飼いやすいとの事。フランス鴨以外にも、先生はチャボや、ガチョウを飼っていて、その様子も長女に見せたいと思った。

また、しゃかりきになって畑仕事をしている夫に先生の畑を見せてあげたかった。パーマカルチャーを目のあたりにすれば、力の抜き方がわかるようになるかもしれない。のめり込んでがんじがらめになって、畑のことばかり考えて、楽しみどころか、苦行のようにがんばっていたから、無理をしないで、自然のサイクルに便乗して、自然とともに実りを楽しむパーマカルチャーの実例を見学してほしかった。

先生は、庭で、特大の虫捕り網を用意して待っていてくれた。

「どれがいいかな？」

長女は大喜びで、体の大きいオスを一羽とかわいい顔をしたメス二羽を選び出した。

先生は、鴨の頭から網をパッとかぶせ、両手で網ごと羽を押さえてから、ダンボール箱に次々に放り込む。

「じょうずだなー。」

長男は目を丸くして感心している。

「ニワトリと同じ位、飛べるんだよ。」

「ええっ、じゃあ、飛んで逃げちゃう。」

「羽の先の方を少し、切っておけば大丈夫なんだ。バタバタと羽ばたきぐらいはできるけど、屋根を越えるほど飛ぶことはできなくなるからね。」

そう言って、近くでウロウロしていた鴨をつかまえ、翼を広げて、どこを切ったら良いか、教えてくれた。

夫は、先生の畑の、まるで畑らしくないのを見て驚いている。

区画整理もされず、雑草も抜かれないまま、思い思いに生い茂り、のびのびと育って、どこに何があるのかも判然としないが、ほとんど一年中、食卓を潤すだけの収穫はあるらしい。

「わが家では、屋敷全体を山菜の宝庫にして、働かなくても食べられるようにしようと思っているんだよ。ピグミーみたいにね。」

そう言って先生は、ピグミー族についてひとしきり解説してくれた。

雑草を見ると我慢ができなくなる夫は、先生から借りた鎌で、背の高い草を刈り始めた。

「御主人は慣れているね。」

先生が、私にささやく。

帰りは、鴨を連れて帰るため、レンタカーを借りて、ゆっくり帰ることにする。

鴨が生きているかどうか、長女がしきりと心配するので、何度も何度も停車しては確かめながら、何とか日が暮れる頃には逗子に帰り着いた。鴨は三羽とも無事だった。

私はずっと、前回先生に言われた「ラッキー」について考えていた。

鴨をもらって喜んでいる子どもたち。

先生の畑を思い出しては不思議がる夫。

ものごころついた頃から、母に、死んでしまえと言われ続け、小学校高学年の時はいじめにあい、中学・高校の六年間は、父の執拗な嫌がらせに追いつめられて疲れ果て、やっとの思いで高校を出て、実家を離れてはじめて人心地がついた私。

私ほどアンラッキーな人間はいない、と思っていたが、夫に拾われて、ふたりの子どもに恵まれて、無我夢中で、家事と育児に明け暮れた。

夫に対する信頼は日増しに厚くなり、愛情は深まり、私にとって家庭がかけがえのないものになった時、それまでのアンラッキーは、帳消しになったのだろうか。

先生は、いつだって、基本的人権が守られているかどうか、その人がその人らしく生きているかどうか、に注目する。

　再会した時の三十七歳の私が、先生の目にラッキーな人と映ったならば、人生の出だしの苦労など、その後のラッキーを味わうためのスパイスだったと考えればいい。田口先生と再会して、ラッキーな人だと言われたなんて、考えてみればそれだけで、素晴らしくラッキーなことではないだろうか。

　私の一生のうち、三十七歳以降のページはバラ色に染めよう。

ゴールデンウィーク

三羽の鴨は、カータロー、ミドシロ、カツボンコ、と名づけられ、みるみる大きくなった。

水鳥なので水が好き。

わが家は細い川に囲まれ、せせらぎが聞こえる。鴨たちは一列になって練り歩き、毎日土手の上から川を見下ろしていたが、ある日とうとう、こらえきれなくなって飛び込んだ。捕獲するのに苦労したのも楽しい思い出である。

やがて、メスが卵を生んだ。一日一個ずつ生んで、それが八個位になると、胸毛を混ぜて、ふわふわぬくぬくの寝床を作り、抱いて温め始める。そうしてある日一日で一斉にヒナがかえり、母鳥は、割れて散らばった卵の殻を、くちばしで集めてまとめて重ねて入れ子にした。

長女は、よく面倒をみてかわいがった。

鴨についてわからないことがあると、そのたびにファックスで先生に質問したが、先生は長女のどんな小さな質問にも丁寧に答えを返してくれる。

たとえば、「ミドシロの生んだ卵を私たちがすぐ取ってしまうので、ミドシロが怒ります。どうしたらいいでしょうか。」という質問に対して、「鳥は数が数えられないので、卵はいっぺんに全部取らないで、ひとつ取って、様子を見てからまたひとつ取る、という具合にやってみてください。きっとミドシロは怒らないでしょう。」

また、カータローがアライグマに殺されたことを報告すると、「謹んでカータローの遭難、事故死を悼み、冥福を祈ります。みなさん、さぞかし、お力おとしのことでしょう。ずっとお宅のみなさんにかわいがられ、幸せな奴だったなあ、と思います。世界でいちばん幸せだったカモかも。」

ちなみに、鴨たちは何代もヒナをかえすのを繰り返し、長い間私たちを楽しませてくれた。あれから二十七年たった今、最後の一羽となったオスのクロちゃんがすっかり年老いて、小屋の隅でじっとうずくまっている。

一九九六年五月のゴールデンウイークに、また栃木へ行った。

よく考えてみると、田口先生の研究室に在籍したわけでもないのに、ただ児童学科の卒業生というだけで訪問し、さらに何度も一家総出で押しかけるという厚かましさ。それなのに奥様も一緒になって歓待してくれる。私は、実家へ行くよりも心が弾んだ。

昭和三年生まれの奥様は、ずっと専業主婦だったというが、なまじのキャリアウーマンよりも颯爽としていて、無駄口はきかず、働き者で、畑仕事、ジャム作り、漬物作り、洋裁、機織りなど、何でもプロ級の腕前である。

先生と奥様が並ぶと、すらりと、姿の良い一対の御神酒徳利みたい。

当時、小学校五年生だった長男は、先生の庭のあちこちに色々な仕掛けがあるのを見て心を動かされた様子で、

「これ何ですか？」

「あれ何ですか？」

と、矢継早に質問した。

その素直な性格に、ご自身との共通点を見い出したのか、先生は、農園を案内しながら、長男に懇切丁寧な説明をしてくれる。

フランス鴨のエサをカラスが食べてしまって困るので、フランス鴨の体がカラスよりもふたまわりほど大きい点に着目し、カラスの体重では乗っかってもフタが開かなくて、フランス鴨が乗った時にだけその重さでバタンとフタが開き、中のエサをついばむことができる仕掛け。

土の中から取り出した大根やゴボウや里芋などを洗うと、バケツでもタライでもたちまち泥でドロドロになって排水管も詰まりやすく、何度も水を替えなければならない。そこで、浴槽をいくつも高低差をつけて並べ、上、中、下、と順繰りに水にくぐらせてから取り出せば、労せずして泥が落ちる、という仕掛け。

「こんなに浴槽をたくさん、どうやって手に入れたのですか。」

にやっと先生は笑って、

「この辺りを走っていると、よく畑の隅っこに浴槽が放置されているんだよ。ください、と言えば、始末に困っていたから助かるよって、たいてい喜んで、タダでくれるよ。だから、そのまんま、軽トラックにのっけて、もらってくるんだよ。」

広い農園の奥では、フランス鴨の親子が勝手気ままに走り回っている。

先生が、長男に質問した。

「お母さんのことで、何か困っていることはありませんか？」

「お母さんは、暑い寒いがわからなくて、僕にたくさん着させるので困っています。」

横から、私は口を挟んだ。

「暑ければ、脱いだらいいじゃないの。」

「えっ、脱いでいいの？」

先生は、にやにやしながら、

「暑い寒いがわからないのは、知的障害者です。昔ね、整肢療護園ていう所にいた時、障害者の人たちが、いっしょうけんめい作業してるのを見てたんだけど、たくさん着て、大工仕事をして、汗びっしょりになってるの。真赤な顔して、汗ダラダラ流して、頭から湯気が出そうになって、カンナをかけているんだよ。」

　長男が笑った。

「暑かったら脱ぐんだよ、って教えてあげたらね、暑かったら脱ぐ、暑かったら脱ぐ、と何度もつぶやいてから、やっと、一枚、二枚と脱ぎ捨てて、にこって笑って、涼しい顔でまた働き始めたんだ。六枚か七枚位、重ね着してたんだよ。」


　長男は黙っていたが、その顔にはお母さんは知的障害者だったのか、と書いてある。

「先生は英語ペラペラですか？」

　長男は話題を変えた。

「ペラペラなんだよ。」

「いいなあ。」

「君も、英語がしゃべれるようになりたいの？」

「はい。話せたらカッコイイと思います。」

「それなら、寄宿舎みたいな所で、外国の人と一緒に生活すると良いよ。そうすると、すぐ話せるようになるから。」

「本当ですか？」

「おすもうさんを見てごらん。外国から来て、すもう部屋に入って、みんなでけいこしたりチャンコ鍋つついたりしていると、そのうちに、ウス！　とかあいさつするようになって、何年もかからずに、おすもうさんらしい話し方で話すようになる。」

「そうですね。」

「ごっつあんです、とか、ウス！　とか、とっても正確な発音だよね。あれはね、たとえば、一緒に生活していて、自分がおなかすいた時に、だれかが横で、ハラヘッタナー、とか言うと、それが乗り移るんだよ。」

「えっ。」

「言葉っていうものはね、同じ気持ちになった時に、人から人へ乗り移る。そういうふうにして覚えるものなんだよ。」

「ふ〜ん。」

「だから、英会話教室なんかに通っても、あんまり役に立たないんだよ。寄宿舎か、すもう部屋に入ると良いよ。」

「僕は、おすもうさんにはなりません。」

皆大笑い。

先生は、「いい家族だね。」

その夜は、親子四人、先生の家の離れに泊めていただくことになった。いくら何でも四人で泊めていただく訳にもいかないと思ってペンションを予約したのだが、「せっかくどうぞと言っているのに、遠慮するのはいかがなものか」と叱られたので、ペンションの方を断ったのである。そして、就寝前にまた、先生を囲んで談笑した。

先生は、問わず語りに、戦争にまつわる思い出を話し始めた。

「静岡高校では寮生活をして、友だちがたくさんできて楽しかったよ。のちに作家になって、芥川賞を受賞した、吉行淳之介なんかもいてね、吉行は、あの頃から遊び人だったな。だんだん戦争が近づいてきて、戦争から逃げられそうもない、とわかってきて、どう考えても二十歳まで生きられそうもない、と思い始めて、頭ではわかっても、どうしても心では納得できなくてね。インド哲学なんかをかじってみたり、ずいぶんあの頃は本を読んだなあ。」

「医者はどこでも必要だから、医学部へ行けば、戦地に送られるのが遅くなる、と言われていたから、医学部志望も多かったけど、長崎大学へ行った連中は、原爆で命を落とした。」

「北海道大学の医学部に入ったんだけど、即、休学。なぜ二十歳そこそこで死ななければならないのか、納得のいく答えは、やっぱりなかなか見つからなくて、結局、自分を育ててくれた母や姉のため、ふるさとの山河を守るため、という結論に辿りついて、無理矢理自分を納得させたんだよ。オレが、前戦へ出て、戦わなければ、と、悲愴な決心をしたんだ。そして、自分から志願して、第十五期海軍飛行専修予備学生になって、任官。海軍少尉になって、戦争は終わった。」

「戦争が終わって、せっかく生きて帰ってきたというのに、飛行場の事故で、プロペラに巻き込まれて命を落とした者もいたんだ。」

いかにも残念、無念、気の毒でならない、というふうに息を止め、それから大きく深呼吸をひとつして、先生は遠くを見るような目をした。

私はこの時はじめて、先生が、共感能力の高い、優しい人であることを知った。学生時代、先生を怖がっていたのは、竹を割ったような性格しか見えなかったからだ。

ちなみに、私は、夫から、竹を割ったような頭、と言われていた。

「兄弟が多くてね、九人もいたんだよ。私はその末っ子。私が生まれた時には、一番上の姉はもう亡くなっていた。小学校一年の時には父親も亡くなったんだ。母親が、四十をとっくに過ぎてからの子でね。それに、二歳になっても歩けなくて、ずーっと母親におんぶされてたんだよ。近所の人たちが、恒夫ちゃんは、まだ、おんぶしてもらってるんだねー、と笑うと、母親の背中から、まだ、歩けないんです、なんて、自分で、はっきり答えてたらしいよ。」

「本当は歩けたんじゃないんですか?」

と、長女と長男が口をそろえて言った。

「本当は歩けたのに、甘えてたんだ。」

先生は、いたずらを見つけられた男の子のようにうろたえ、赤くなった。

「田口先生は、どうしてそんなに、奥様と仲が良いんですか？」

長男が質問した。何を言い出すやら、とハラハラしたが、

「仲良くしないと、人生がもったいないからだよ。だって、せっかく一緒に暮らしているのに、いがみあったり、争ったりしていては、人生がもったいないでしょう。」

しびれた。

それができないのが人の常ではないだろうか……。

たとえはじめのうちは仲が良くても、まもなく思いやりは消え、自分だけは何としてでも、ズルしてでも得をしようと、泥試合にもつれ込んでいく。

それを、はじめから人生がもったいないから仲良くしようと思って、そのまま実行

する強さは、おそらく、戦争を経験したことと関係があったかもしれない。人生の一瞬一瞬を充実させようとしたのだ。虚しい人生を自分に許さない、という原則通りに生きたのだ。いつも原則通りだったから、いつも静かで、落ち着いていた。だから、いつもどんな質問を投げかけても、間髪を入れず、胸のすくような答えが返ってきた。何もかもものの見事にひとまたぎして、正解を、スカッと出してしまう、そこが田口先生の最大の魅力であった。

「何しろ、はたちで死ぬはずだったのが、五十年、丸もうけですからねー。」

まだあんなこと言ってる

翌日の午前中は、近くの小砂焼《こいさごやき》の窯元で、陶芸教室が開かれていると聞き、四人で、はじめての陶芸に挑戦。

お昼までに戻り、奥様特製のもちとうもろこし入りスコーンと三種類のジャムをいただいて休んでいたら、頭がじんじん痛くなってきた。

滅多に頭痛になどならないのに、次第に痛みは増してくる。

奥様が、甘みかんをもいでくれた。

布団を敷いて横になるや、眠りの国にひきずり込まれ、目覚めると、枕元に、夏みかんが、きれいにむかれて置いてある。長女がむいて並べてくれたのだった。

「お母さん、大丈夫？」

すっぱい味は得意ではなかったが、せっかくなので、起き上がって口に入れると、おいしい。甘い。全部平らげてしまった。


翌朝、先生は、私の顔を見るなり頭を指さした。

「治りました。」

「それはよかった。」

私は、知人から、宿題を預かってきたのを思い出した。


「先生、ひとつ質問があります。」

「何なりと。」

「知り合いの七十代の女性から、田口先生に聞いてきてね、と頼まれました。三歳のお孫さんが、まだ何もしゃべらないのだそうです。」

「昔とったキネヅカでお答えすると、そういう場合には、お母さんがお子さんを体にくっつけていれば、そのうち自然にしゃべれるようになります。」

学生時代にさんざん聞かされた、あれだ。まだあんなこと言ってる……。

「私の、年来の主張です。たぶん、そのお母さんは、お子さんをあまり抱っこしたりおんぶしたりしなかったんでしょう。」

「テレビに子守りさせてたそうです。」

「まだ三歳なら、十分、間に合います。大丈夫。お母さんが忙しければ、その、心配してくれているおばあちゃんでもいい、体にくっつけて、安心させてあげれば、話せるようになります。」

「おばあちゃんでもいいんですか?」

「お母さんの体にくっつくのが、本来の、自然な形。だけど、子どもが安心さえできれば、落ちついて、自分をかわいがってくれる人の言うことがそのまんま乗り移って、しゃべれるようになるのだから、おばあちゃんでもいいし、お母さんとおばあちゃんの両方なら、なおいいかもしれません。お父さんでもいいんだよ。」

「わかりました。伝えます。ありがとうございます。」

「一日も早く、そのお母さんはお子さんとヨリを戻すといいですね。」

ヨリを戻す、という言い方が先生らしい。

出産直後は、五体満足かどうか心配し、命がけで生んだ我が子を目の中に入れても痛くないほどかわいがるのに、日がたつにつれ、注意がそれて、赤ちゃんを放っておいたのだろう。でもヨリを戻すだけならだれにでもできる。

「母子密着育児の崩壊によって、もしかしたら、世界がほろびるかもしれないよ。」

「ええっ。」

「母子密着を通して皮膚や手足の動きから伝わるものの欠落が、人間の心の発達の欠陥を生むのではないかな。」

「昔から、そうおっしゃってましたね。」

「私の言うことなんか、漁師の天気予報みたいなものでね、証拠がないから。ハーローの実験だって、母ザルの体のあたたかさを知らない小ザルはちゃんと育たないと証明しているのに、人間とサルは違います、って偉い学者の先生方は怒るんだよ。」

「児童学も学問とはいえない、って、学内でも言われましたよね。」

「そうそう。でも、証拠っていったって、人間の子どもを何十年も追跡調査するような実験は、なかなかできないからね。」

「そうですよね。」

「そこへいくと、漁師の天気予報は当たるよ。何しろ、ずーっと海を見てきたんだから。空を見上げて、雲を見て、これは雨がくるとか、時化るぞ、という、カンだね、これが、当たる。まず、間違いない。」

田口先生の著書『私の言語障害児教育観』（学苑社）の次の部分は、とてもわかりやすく先生の考えが示されている。

> それで、次の絵を使って説明しますと、お母さんにくっついていれば安心しきっていられるような関係のモーターがまわり続けていると、その子どもの気持ちの中に安心感のたくわえがだんだんふえてきて、それがメインタンクで、そのメインタンクの水量が増えて来る、どんどんどんどん水量が増えて来る、どんどんどんどん水圧が高くなって来ると、そうすると、ほっといてもひとりでにどの

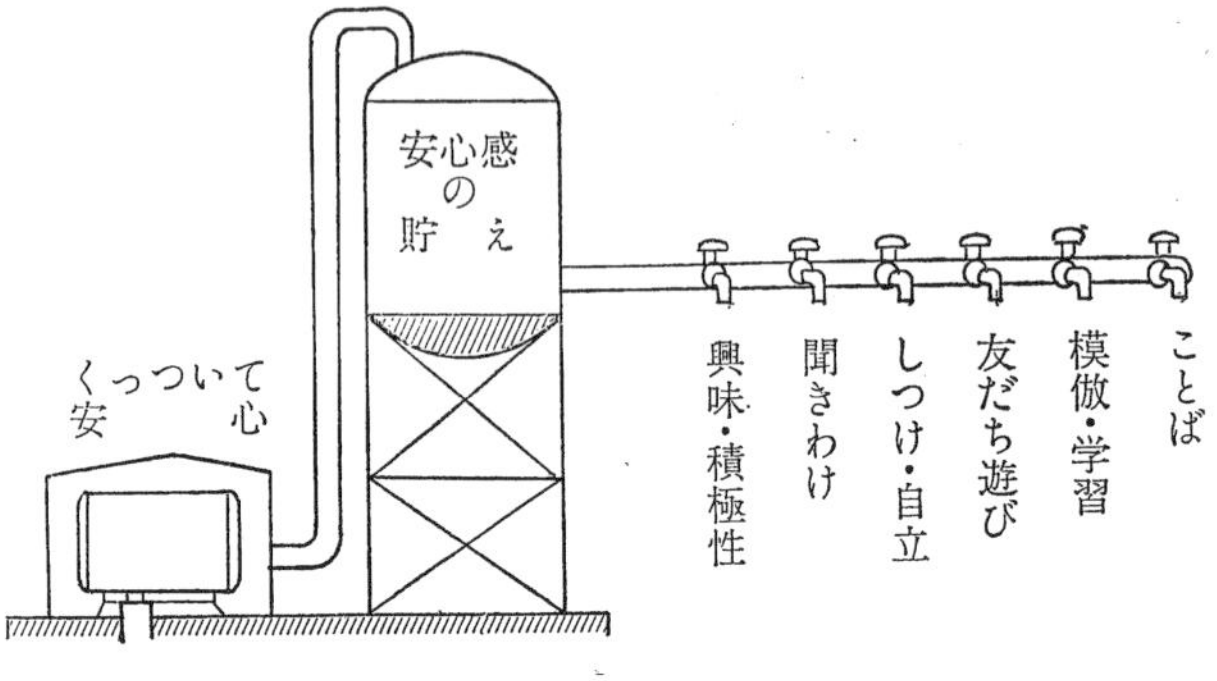

蛇口からも勢いよく水が出ます。

蛇口には、どんな種類があるかっていうと、例えば、ことばとか、模倣とか、友だち遊びとか、しつけとか、自立とか、聞きわけとかね、すべて結構づくめ。

もう、ほんとにこんな結構なことないです。すべて親がね、自分の子どもに対して、心から願うことってのは、全部この中に入ると言ってもいいくらいね。人間にとって最も大事なことや、小学校の先生が願うことさえも入るんです。この中に。

例えば、強く明るく元気な子を作るには、どうすればよいかって言うとね、メインタンクの水圧を上げればよろしい。勉強がよくできて、東大にあわよくば入れる子になってほしいと思ったらどうすればよいか。これはもう、メインタンクの水圧を上げればよろしい（笑）。

あと、健康で丈夫でよく寝てよく食べてね、病気にならない子どもを育てるにはどうすればよいか（笑）。メインタンクの水圧を上げればよろしい（笑）。

だから宗教と同じ。なんでもかんでもね、願いごと全部かなうんです。本当に心から親が子どもに願うような種類っていうのは全部、ほとんど全部かなえられる。人間にとって、人間の成長とか発達とか、社会生活とか最も基本的な、社会的生活に必要不可欠な、最も基本的な能力とか、技術とかいうものね。

四十を過ぎてからの子

キラキラと光輝くようなゴールデンウイークが終わり、逗子の我が家に戻るとすぐ、夫が何やら裏の物置でゴソゴソやっている。

見学してきたばかりの田口先生の作業場を真似て、自分の道具類の仕切り直しをしたくなったのだという。

先生ご自慢のその場所は、軽トラックの荷物を積んだまま作業が出来るように、屋外なのに停車位置の上にだけ屋根がかけられていて、両側には、びっしり、ペンチや金づちやロープや熊手や針金などが、見つけやすく、使いやすいように並べられていて、まるでプロの仕事場だった。

夫は、それがうらやましかったらしい。

一方、当時小学校四年生だった長男は、国語の宿題を済ませて、「今までに出会ったなかで、一番、印象に残った人、という題の作文だったから、田口先生のことを書いたんだよ。」と言う。

先生のどこが印象的だったのか尋ねると、

「だれにでも、その人の流儀、というものがある。田口先生は、それが、とっても、独特だから。」

長女は、先生に、鴨の世話の上手なのをほめられて、将来は動物行動学を勉強してみたら、と勧められ、庭の石を次々とひっくり返してはミミズをつかまえて鴨に食べさせていた。

私はといえば、体の具合がおかしい。翌週になっても、治らない。

妊娠していた。

五ヶ月が過ぎて、私の四十歳の誕生日も過ぎ、お腹が目立ち始めると、その当時はそんな年齢で出産する人は珍しかったからか、いらない子でしょ？　などとひどい言葉を浴びせる人もいた。

でも私はへこたれなかった。

「母親が四十をとっくに過ぎてからの子」という、田口先生から聞いてきたばかりの名文句が頭の中でこだましていたから。

だから、何の根拠もないのに、直感で、私のお腹の中のこの子は、先生みたいに独特の魅力を備えた素敵な人物のような気がして、どうしてもそのように思われて、私たちに素晴らしい未来が待っている気がした。

まず、間違いない。

田口先生からは祝福の手紙が届いた。

「御懐妊おめでとうございます。人間として、女性として、最高の喜びではないでしょうか。お身体を大事にして、丈夫な赤ちゃんを産んでください。」

温かな励ましのお便りがうれしくて、家族全員で泊めていただいた御礼も兼ねて、たまたま葉山牛が半額セールになっていたのを見かけたので、「半額のお肉で恐縮ですが、親孝行のようなものとお考えになって奥様と御一緒にどうぞ。」と送った。

数日後、

「葉山牛の何とも見事な肉塊でした。早速昨夜ひさしぶりのステーキを御馳走になりました。普段食べているものと比べると、肉とは思えない柔らかさで、最高の美味でした。誰のためにもならない、何の役にも立たないこんな暮らしをしながら、こんな高級な美味しいものをいただける幸せをかみしめました。夢のような『親孝行』でした。ありがとうございました。ごちそうさまでした。」

十一月、女児誕生。

長女と長男がよく面倒をみてくれたので、たいへん助かった。

先生からは、

「赤ちゃん無事お誕生おめでとうございます。どうぞ、ごゆっくり、育児をお楽しみください。」

その通り、三度目の育児は、夢のように楽しかった。

私が四十、夫は、この時、四十九。

夫にとっても、四十をとっくに過ぎてからの子は、かわいくてならなかったのか、長女、長男の時にはほとんど手伝ってくれなかったのが、この頃から率先して手伝い始めた。

ところが、

「その子ばっかり、かわいがるんだな。」

と、夫が、むくれている。

長女、長男を、ないがしろにしていると言っているのかと思ったがそうではない。

四十九歳の自分を、もっとかわいがってくれ、というのである。

呆れた。

幸せだった。

ポニーのレオ

電車に長時間乗っていられるようになれば、次女も栃木まで連れて行ける、と、その日の来るのを待ちわびて、二歳になった頃、初めて五人そろって遠出をした。

「赤ちゃんを見るのは久しぶりだ。」と歓待された日が懐かしい。奥様は次女のためにおいしいスープを作ってくださった。

「おじいちゃんのとこにおいで。」と言って先生が手をさしのべると、次女はすぐその腕に抱かれた。「いい子だ。」と次女の顔をしみじみと見つめ、「密着育児をおろそかにしたむくいで、人を人とも思わないような人間が増えてしまったから、これからは、どこでどんな事件や事故に巻き込まれるかわからない……。気をつけるんだよ。」と心配そうにつぶやいた。

それから次女を抱いたまま庭へ出て、愛犬の残した犬小屋を改造して作ったという燻製小屋を、得意そうに見せてくれた。

「色々いぶして試してみて、うまくできたら送ってあげよう。」

後に、たくあんをいぶしたイブリガッコや、ブタの三枚肉の燻製が、セールで三割引の時に買った肉なので、たくさん召し上がれとの注釈つきで送られてきた。塩加減がちょうど良く、かすかに苦み走って香ばしい、赤身とアブラ身が交互に重なり合った、中国奥地の秘境に住む仙人の霞で包まれたような味が、今も舌に甦る。

子どもたちは、それを薄く切ってフライパンでじっくり炒め、そこから出るアブラだけを回しながら、ネギ、玉ネギ、卵、で作るチャーハンが大好物だった。

先生が朝食用に一年分作っている、紫色の小型のとうもろこしは、もちとうもろこし、という呼び名で、虫がつきにくく、一本の木にふたつの実が成る。

その種を先生からいただいたのが初まりで、夫が毎年丹精し、収穫後すぐ蒸して冷凍保存、冬になるとストーブの上で焼いて食べるのが我が家の定番になった。

その頃、先生の家のすぐ近くに、「馬頭ホースランド」という名称の馬場があった。

そこに、一頭だけポニーがいて、レオと呼ばれていた。

次女は、馬に乗るにはまだ小さすぎるのに、何が何でも乗ると言い張ってきかない。

「レオは、ずーちゃんのおくつが新ちいから、びっくりちてる。」

まだ、おとぎの国に住んでいるのだった。

レオは、係の人に手綱をひかれながら、次女を背中に乗せて、のんびり、ゆっくり、馬場を三周してくれた。

よほどうれしかったのだろう、次女は家に帰ってからも、

「レオに会いたいよー、レオーレオー。」

と泣いてばかりいるので、私は困って、奥様に、レオの様子を見て来てほしい、と手紙でお願いした。

すぐ返事がきた。

「レオは自分の小屋の中でおとなしくしています。」

それを聞いて次女もおとなしくなった。

遺言

二〇〇〇年の春、先生は、もうこの夏を越えられそうにない、と言って、どうしても伝えたい、言い残したいことだけを書いて、非売品の小冊子を作り、二百人に配布した。

私は夢中で読んで、すぐ感想を書き送った。

先生からの返事は、

「昨年は体調不良で、何度か絶望感に襲われましたが、がんばって書き上げて、良かった。こんなによく読んで、よくわかってくれる人がひとりでもいて、書いた甲斐がありました。涙が出ました。」

二年後、この小冊子は新装なった新書版『今、赤ちゃんが危ない―母子密着育児の崩壊―』（近代文芸社／近代文芸社新書）として広く世に出ることになったが、その経緯は「まえがき」によると、

> たまたま二〇〇一年の秋口に、昔お茶大児童学科の言語障害研究室に内地留学生や研修生として勉強に来ておられた先生方の有志が、私の病気見舞いと喜寿の祝いを兼ねて何かプレゼントしようと醵金したので、欲しいものがあったら知らせてほしい、との連絡が入った。
>
> 　エアコンはどうか、新種の大型テレビは、それとも衰えはじめた腕力の代わりをしてくれる耕うん機か中古のトラクターはどうかなど、あれこれ迷っていたさなかに近代文芸社から出版のお誘いの手紙が届いた。

内地留学、という制度を作って、言葉をうまく話せない子どもの世話をしている現役の教師たちを全国から集め、もういちど勉強してもらえるようにと力を尽くしたのは田口先生だった。

つい最近、佐賀に住む友人が、『田口先生語録』という小冊子をコピーして送ってくれた。読んでみると、在りし日の先生の手ぶり身ぶりが目に浮かぶよう。これはその昔、田口先生に教えを受けた内地留学生の方々がまとめたもので、九州在住の関係者の間で、今でも大切に読み継がれているのだという。

さて、最後の著書となった『今、赤ちゃんが危ない――母子密着育児の崩壊――』（近代文芸社）は、先生の遺言である。

冒頭部分に、そのエッセンスが詰まっているので紹介したい。

受胎から始まって生後二年くらいまでのあいだのことは、一切本人の記憶に残らない。「記憶にない」ことなので、つい忘れられ、まるで無かったことのように無視されていることが多い。

しかし、この人生最初の二年ばかりの間は、人間の「こころの発達」のうち、人柄や心情の根幹部分が形作られ、その人の心の基本的ムードのようなものが形成される、とてつもなく大切な時期であり、その影響は、生きているかぎりずっと長く尾を引く。

このことは、学者も素人も皆、よく知らないのに、知らないことに気づいていない。

その時期の重要性に比べれば、その後の、幼児期以降のシツケとか教育、指導、訓練などと呼ばれることは、ごく表層的な意義しかもたないと言ってもいいくらいのもの。

そして、もうひとつ。その時期の健全な発達を保証するためには、その間一貫して子どもの体ができるだけ親の体にぴったり「密着」していることが肝心。

そのことを伝えたくて、この本を書いた。

この本が出来上がった二年半後、先生は天に召されるのだが、療養に専念しようと決めた時に、浮世の義理を欠くべく、関係各位に通知した手紙が、なんとも先生らしくて、潔よく、こんな文章を書ける人は他にはいるまい、と思われるので、全文を紹介する。

〔ご報告とお詫び〕

先日来、私宛に「郵便物等」（葉書、封書、写真、FAX、資料、冊子小包、書籍、宅配便などによる食品等の荷物、その他いろいろ）をお送りいただきましたが、それに対して何の返事も差し上げぬままになっており、まことに申し訳ございません。お詫び申し上げます。どうぞご勘弁ください。

実は、本年三月初め肺癌が発見され、三月二三日に、西那須野町に二年前に新しく出来た国際医療福祉病院呼吸器外科で、専門医の手による右・下二肺葉の切除手術を受けました。手術後の傷の治りや、切除後の空洞の治療経過などはたいへんよく、「経過良好」でしたが、大変な大手術でしたので、「成功」した手術の経過を下支えすべき全身の衰弱が強く、体力の低下は限界に近く、なかなか回復の兆しが見えないまま、一進一退をくりかえしています。

四月八日に退院しましたが、衰弱のため二七日に再度一週間入院しました。

体重減少、食欲不振が続き、じっとしていても体が重く、しんどく、極度の疲労困憊感があり、机に向かう気にもなれませんし、文字の読み書きなどもする気力がありません。

その間、机に積まれていく（上記）「郵便物等」を見ていると、申し訳なく、心苦しく、その辛さは、肉体の苦痛よりもさらに耐え難いものであることがわかってきました。

〔お願い〕

そこで、ひとつ、折入って、お願いがあります。まことに勝手な、突飛な、しかも非常識な、「縁起でもない」嘆願で恐れ入りますが、ぜひご一考いただきたく、お願い申し上げます。

（一）このメモを、少し早めに届いてしまった私の訃報と理解され、もう「いない」とみなしてスパッと忘れ、今後私宛に「郵便物等」をお送りになるのを一切取り止めていただけませんか。

（二）もしそれでも何かをお送りになる場合には、私からは、届いたというお知らせを含め、何の反応も無いことをご覚悟のうえ、おやりください。

お聞き届けいただければ、ずっと気持ちが軽くなり、療養に専念できそうな気がします。私のことなどお考えになっても何もいいことはありません。ご自身の、ご自分の、一日一日を大切に生きてください。

どうぞ、お元気で。　田口恒夫

二〇〇五年十月十一日、御家族の手厚い看病ののち、自然に、眠るように、庭の見える御自分の部屋で、奥様お子様お孫さんたち全員が見守る中、先生は安らかに息を引きとり、八十年の生涯を閉じた。

遺体は献体。遺灰については、

「その辺に撒いてくれ。」

だから墓所はない。

あるいは、墓所は大地そのもの。

透徹したまなざし、という言葉は時折聞くが、本当に、実際に、世の中を、自分を、そういう目でもって見通すことのできた人を、私は、先生以外に知らない。

あの静かな庭には、大学の講堂を取り壊して捨てるばかりになっていた廃材をもらい受け、トラックで運んで組み立て直したという、立派なガーデンテーブルとベンチが、二本のモチの木の下に置かれていた。

　そこで、奥様と向かい合わせに腰を下ろし、奥様のいれる甘みのある上等な緑茶をすすりながら、先生は、今でも、風に吹かれている……。

人生を飲み干して

夢の話。


先生が夢にあらわれたのは、亡くなってからちょうど五十日目のことだった。

明け方の、目が醒める直前だった。


子どもたちを引き連れて、またもや、先生の所にお邪魔している。

先生は若く、子どもたちは幼ない。

田口家には屋内にも土間があり、大きなテーブルを囲んで、夜はそこで語り合ったものだったが、夢の中でもそこで談笑していて、子どもたちははしゃいでいる。

やがて就寝時間になった。

先生は、手にしていたコップの底に残っていたものを飲み干した。

中味が何であったのかわからない。

「日本酒ほどおいしいものはないと思うけど、ちょっと飲んだだけで酔っ払っちゃうから、ビールにするよ。ビールだって、一杯か二杯がやっとだけどね。」

と、聞いた覚えがあるから、ビールだったかもしれない。

あるいは、ただの水。

飲み干した、その空っぽのコップをテーブルの上に置いた。

私は先生の隣に座わっていたようだ。そして何気なくそのコップをつかんで手前に引き寄せ、片づけようとしたのかどうか、ふと先生を見ると、先生もこっちを見た。

目と目が合った。

そこで目が醒めた。

ただこれだけの夢なのに、鮮烈で、私は夢の意味を考え、やがて、一つの結論を得る。

コップの中に入っていたのは、先生の人生。

先生の人生は最後の一滴まで、全部飲み尽くされた。
私はそれを、勝手に受け取った。
先生のことを書かなければならない。

学生時代の講義のノートも、著書も、いただいたお手紙もファックスも保存してある。戦争を体験し、戦後の日本の復興を子どもたちの健やかな成長を願うことで支え、大学で多くの学生を育て、退職してからはパーマカルチャーを発見して、「百の楽しみがあるから百姓って言うんだよ。」と笑った先生。飾らない人、という言い方があるけれど、飾りどころか無駄もなく、無理もなく、裏も表もなかった。いつだって、すっきり、さっぱり、涼し気で、透きとおった風のように気持ちのいい人だった。
あれほど正々堂々と、正面切って、まっすぐ生きた人は、死んだくらいで、いなくなったりはしない。

第二章　田口理論に導びかれて

ななちゃん

裏山に竹林がある。

竹は、年を経る毎に勢力を拡大し、家に迫ってくるので困ります、と地主に言ったら、筍を自由に掘っても良い、と許可が出た。しかし、掘っても掘っても生えてくる。一日三食、筍料理を食べても、雨が降れば次から次へと顔を出す。

そんなある日、だれか筍掘りに来てくれないかな、と考えながら、犬と散歩をしていたら、ジョギング中の友人に出くわし、お孫さんがいたのを思い出したのでお誘いすると、彼は足の動きを止めることなく、その場で足踏みしたまま、行くよ、と汗だくの顔をほころばせた。

お孫さんはふたり。

四歳の男の子、こうた君と、二歳の女の子、ななちゃん。

ななちゃんは、まだ口が回らない。

こうた君が何か言うたびに、同じ言葉をなぞるように繰り返す。

「たけのこが生えてるの？」

「たけのこ、生えてるの？」

「どこにあるの？」

「あるの？」

「あっち？」

「あっち？」

「ななもおいで。」

「ななもおいで。」

「言葉は、人と人が一心同体のような状態になった時、人から人へ、のりうつる。」

と田口先生がおっしゃっていたのを思い出した。

竹林を、緑色の風が吹き抜けていく。

みんなで筍を掘り、掘った跡を平らにならし、小鳥の巣が落ちているのを見つけて歓声をあげ、川のせせらぎをつんざくようなかわせみの声に驚き、洞穴の中を探検して、たくさん遊んだね、と言い合ったのに、藪から出るとまだ日ざかりだった。

こうた君は、子ども用の低い鉄棒を発見して走り出した。

早速、片足をかけて、回り始める。

くるくる。

どすん。

勢い余って砂場に落ちた。

と、思った瞬間、まだ竹藪の方にいたななちゃんが、すごい速さで駆けてきて、砂場にへたり込んでいるこうた君の体についた砂を、その小さな手ではたき始めた。

傷がないか、確かめながら、いたわるように、ぱたぱた、ぱたぱた。

こうた君が、えへへ、と照れて立ち上がっても、まだ心配らしく、ズボンのお尻にくっついた砂をはたき続ける。ぱたぱた、ぱたぱた。

御両親と祖父母の四人は、その姿を、少し離れた所から黙って見守っている。

なんてかわいいきょうだいだろう。

なんて良い一家だろう。

私は心を打たれた。

子ども用の鉄棒だから、落ちてもけがをする心配は、まずない。

だが、ななちゃんにとっては、たったひとりの、大切な大切なお兄ちゃん。そのお兄ちゃんが、落っこちた。

さあ大変、一大事！

ななちゃんは、一目散に駆けつけて、全力で救助に当たったのだった。

背の高い筍の隣に立つと、筍よりも小さいのに、すでに、人として最も大事なことを知っていたのである。

このみちゃん

ずいぶん昔、このみちゃんという二歳八ヶ月の女の子を二時間ばかり預ることになり、公園に連れて行ったことがあった。

都心の大きな公園には、池と噴水、桜の並木と花壇、ジャングル・ジムやブランコや、子どもが登り降りして遊べる小山まであり、このみちゃんは大喜び。

「ここでこのみちゃんを見ているから、心配しないで遊んでらっしゃい。」

言い終わらないうちに、このみちゃんは駆け出した。

登ったり、下りたり、隠れたり、走ったり、ひとしきり、夢中になって遊んでいた。

そして、私が、もうそろそろ切り上げ時かな、と思って帽子をかぶり直し、このみちゃんを目で捜すと、こっちを見ているこのみちゃんと目と目が合った。

このみちゃんは、小山の陰から、そっと、私の様子を窺っていたのである。

このみちゃんにしてみれば、どこのだれともわからないおばさんに身柄を預けていた訳である。

あのおばさんがいなくなったら、大変だ。

だけど、そもそもあの人は何者なんだろう？

あんな人を信用していて大丈夫なのかな。

ママと親しそうに話していたから、うっかりついて来ちゃったけど、あたしは初めて会ったばかりだし、それに、ママは、本当に、あの人のこと知ってるの？

正体は？

このみちゃんを預かって、責任を持って見ているつもりだったが、実は、私の方が、このみちゃんから、よーく見られていたのだった。

泉

私の次女の幼い時分の話をしたい。

古い話で恐縮だが、或るエピソードの本当の意味がわかるのは、時間の流れの中で、そのからくりや、必然性や、影響力に気がつく時なので、たいていはずいぶん後になってからということになる。自分の子どものだけでなく、いとこや、友だちや、知人の子どもたちのエピソードをたくさん蓄えてきた。書いて残したものもあれば、心の中にしまっただけのものも多い。

私は、自分が子どもだった頃から子どもが好きで、いつも妹の手を引いて歩いていたような気がするし、中学生になっても、年下のいとこたちと暗くなるまで神社で遊び呆けていて、大学に入って、家庭教師のアルバイトで生計をたてていた頃は教え子がかわいくて、プールに連れて行ったり、映画に連れて行ったりした。

今でも、小さい子に会うとすぐ友だちになる。

ＰＴＡとか運動会とか、集まりが苦手で、体力もなかったので、三人しか育てられなかったが、うちにいて育てれば良い、ということなら、十人位、育ててみたかった。

長女と長男は、私がそんなことを言うと呆れて、昔は鬼だったよ、と非難するに決まっているが、鬼が反省して、気をとり直して育てたのが、末っ子の泉である。

その泉が、生後九ヶ月目の夏。

部屋中をハイハイしている泉を横目で見ながら、私は、部屋を片づけていた。

部屋の隅に、義母の残した姿見があった。

その鏡面に、普段は着物の端切れで作ったカバーがかけてあり、たまには磨こうかとそれをまくった。姿見の台座部分には抽斗が三段ある。泉は抽斗が大好きだった。

雑布を洗って戻ると、案の上、一番上の段の取手に手をかけて揺すり、台座に片方の掌を置いて力を込め、立ち上がろうとしていたが、なかなか立ち上がることができず、その姿勢のまま、鏡の中を覗いた。

そして、そこに、母親の顔と自分の顔のふたつが映っているのを認め、一瞬息を呑み、それからすすり泣きを始めた。

どうやらこの時初めて、自分と母親とが、別の存在だと知ったらしい。

それまでは、自分と母親は、一心同体だと思っていたようだ。


二年後。

おしゃべりも上手になり、自分で何でもできるようになってきたので、その成長ぶりがうれしくて、

「何でもできるようになったねー、よかったねー。」

と言うと、少し考えてから、

「あたし、今まで、ひとりでなんにもできなかったね、お母さんが全部面倒をみてくれたんだね、お母さん、大変だったでしょう。」

と言った。

驚いた。

育てている子どもから、育てたことの労をねぎらわれたのである。

こんなに小さくても、自分の来し方を振り返って、それが、だれの世話によるものかわかり、わかった上で感謝している。四十を過ぎてからの子育てで、私の体は悲鳴をあげていたけれど、疲れは、これで吹き飛んでしまった。

ななちゃんが兄の救助に駆けつけたのも、このみちゃんが私の方をじっと観察していたのも、泉に大変だったでしょうと言われたのも、大体同じ、生後一〇〇〇日位。

「三ツ子の魂百まで、というのは本当で、数えの三歳だから、まあ実際には、一歳半から二歳半位かな、そういう、物心つく前の、ごく幼ない頃が大事。」

「躾とか、教育とか、そういった、あとからやらせることは、その人の人生全体の幸せからみれば大したことではない。」

という田口先生の言葉を思い出した。

人生百年と言われる。

百年の、最初の一〇〇〇日で土台ができる。

人間味豊かな、思いやりのある、その子らしい生き方の土台が。

サークルに入れたら知らんぷり

しばらく前に、朝のニュースで、育児スクールとかいう、育児を習う塾の盛況ぶりを取り上げていた。

新米ママたちの間で、大変な人気なのだとか。

「私も夫もひとりっこで、今まで身近に赤ちゃんがいなかったから、自分に子どもが生まれてもどうしたらいいのかわからなくて、それでここに通っているんです。」

「赤ちゃんを抱っこしたの、生まれてはじめてで、こわくって。」

「子どもがほしくてほしくて、やっと授かったんだけど、赤ちゃんがこんなに手のかかるものだとは知りませんでした。」

「赤ちゃんの取扱説明書がほしいです。」

「何をしても泣きやまないので困り果てて、泣きやませる方法を教えてほしくて来ています。」

インタビューを受けたうちのひとりで、若い美人のママの自宅にテレビカメラが入って行く。

抱っこひもよりも、ビジネススーツの方が似合いそうなママは、帰宅するとすぐ赤ちゃんを台所に設置した木製のサークルの中に入れた。

一歳三ヶ月の男の子である。

ちょうどよちよち歩きを始めた頃で、好奇心も旺盛。何をするかわからないから、サークルに入れておくことが多い、そうでもしないと何もできません、とママは言う。おんぶしたまま家事をする、という手もあるが、これはかなりくたびれる。

ママは、料理を開始した。赤ちゃんはサークルの中で立ち上がり、柵を両方の手でしっかりと握り締め、声を張り上げて泣き始めた。

ママは、赤ちゃんの方を見ないようにして野菜を切り刻んでいる。おそらく、パパの帰宅時間が迫っているのであろう、それまでに何とか調理を完了させようといっしょうけんめいだ。

一方の赤ちゃんは、ママが振り向いてくれないものだから、柵をガタガタ揺すって、顔を真赤にして、声を限りに泣き叫ぶ。

ママは、お鍋を火にかけ、フライパンに野菜を入れ、冷蔵庫から何か取り出し、あせりながら、困りながら、それでも、何とか早く仕事を終わらせようと奮闘しているが、手を止める気配はない。

彼女は、真面目で、がんばり屋で、育児スクールに通ってでも（授業料はかなり高額だった）、我が子をきちんと育てようと考えている訳で、新米ママとして、最大限の努力をしている。

しかし、何か、妙ではないだろうか。

サークルの中にいるのがパパだったら？

三十歳の大の男が、柵をつかんで、ガタガタ揺らし、泣いて、わめいていれば、これは異常な光景なのに、それが一歳三ヶ月の赤ちゃんであれば、振り向きもしない。

無視している訳ではない。

無視しても構わない、と思い込んでいる。

新米ママは、育児スクールに通わなくても、赤ちゃんが泣いたら、即、抱っこすればいいだけなのである。対症療法、という言葉があるが、育児も似たようなものかもしれない。何か起こったら、その都度、手当てをするのだ。

抱いてあやしているうちに、赤ちゃんが眠ったら、そのすきを利用して調理をすれば、ママも赤ちゃんもストレスフリー。

赤ちゃんが目をさまして泣いたら、そこで料理の手を止め、中断して、赤ちゃんの相手をする。おっぱいを飲ませたり、おむつを替えたりして、赤ちゃんが落ち着いて気嫌が良くなったら料理再開。

だが、これが、案外、難しい。

りんごをむいていても、子どもが泣けば、むくのを途中で止めなければならず、新聞を読んでいても、子どもが騒げば、新聞をたたまなければならない。そのまま子どもの面倒をみているうちに、むきかけのりんごは茶色に変わり、興味を持った時事問題も忘れてしまう。

でもこの程度なら、いくら何でもこっちはおとななのだから、子どもに合わせるくらいのことはできよう。

問題は、意欲という心の勢いを、一方的に、強制的にせきとめられることへの怒りではないだろうか。しようとしていることを、いっきにやり遂げたい、という情熱は激しく、薄めたり、引き伸ばしたり、中断してから再開するのは、人情として難しい。仮りにコントロールできたとしても無念さはぬぐえない。

「子どもは思い通りになるはずでした。」

と打ち明けた人もいた。

「思い通りにしてみせると思ってました。」

おとなしそうな人だったが、親になると権力を振るいたくなるのだろうか。

「子どもは言うこときかないでしょう。」

「ええ。でも、それは学校の先生が悪いんだと思ったんです。」

「先生が悪かったの？」

「先生じゃ話にならないから、塾に入れました。」

「良い塾があったのね。」

「良い塾かどうかわかりません。とにかく高い塾です。」

「学費が。」

「そう、学費がものすごく高い。」

「成績が上がったのなら、良かったわ。」

「上がりません、ちっとも。」

「すぐには無理かもしれないわね。」

「二年たっても上がりません。」

「それは、困るわね。」

「子どもなんか、どうにでもなると思ってました。思い通りに育てて、うんと勉強させれば、東大に入れるはずだって思ってたのに、だから無理してあの塾に入れたのに。」

生まれたての我が子は光輝いて、可能性の塊のように見える。

その親心につけこんで、塾や各種習い事の教室は高額な授業料を設定する。ごく稀れにそこに通う生徒の中から、実際に、ずば抜けて優秀な子どもが現われたりするので、さあ、あとに続けとばかり、母親たちは色めき立つ。

その子の幸せは、その子が決める。

そこに辿り着くまでは、地味な生活の積み重ね。

よく眠り、気持ち良く起き、楽しく学び、おいしくごはんを食べるだけ。特に子どもが小さいうちは、目が離せないので、一日中子守をしていなければならず、その時期の母親は皆、同じ不満を口にする。

「育児に追われて、何もできない。」

でも、実は、いちばん大事なことをしているのだ。このことを私はどうしても伝えたいし、どうしてもわかってもらいたい。子どもがいて何も自分のことができない間こそ、子どもにとっては最も大事な時間だということを。

自分のことをつまらない人間だなんて、決して考えない。人のこともどうでもいいなんて、決して考えない。明るい、温かい人間になれるかどうか。

勉強ができるかどうかなんて、その子の問題であって、親がいじくり回したところでどうなるものでもない。どの塾に入れれば一流大学合格に直結するのか、あふれる情報を細大もらさずかき集めて、何としてでも他の子を出し抜こうと目の色変えて入れ込んでも、当のその子がその気にならなければどうしようもない。

それでも無理強いして、脅したりすかしたり励ましたりすれば、見事、一流大学に合格するところまでは辿りつけるかもしれない。

そうして結局、気が弱くて優しい、長い間の親からの圧力に耐え続けてきた子どもは、親を憎むようになる。

支配は愛とは別のもの。

人を支配しようとするのは筋違い。

たとえ相手が子どもでも、その子の心を尊び、理解しようと努め、その言動を見守りたい。

母親は、子どもが、快適に楽しく今日一日を過ごして、満ち足りているのかどうか、そこだけ気をつけて見ていればいい。


親がいじくり回すから子どもが優等生になるのではない。子どもの心が安定していればこそ、そこから存分に能力を伸ばせるようになるのである。

その基礎を整えるのにお金はかからない。

母親が働いているかどうかも関係ない。


私の長女が四歳の頃、夜、眠りにつく時、天井を見上げ、指さして、

「じょうずにあんよ、たたんでるねー。」

と言うので、見ると、大きな家グモが、天井の隅にへばりついていた。いいセンスしてるなあ、と思い、この子に勉強しなさいとは言うまい、とこの時決めたのだが、

この子は長じて漫画家になった。

長女に一度も勉強しなさい、と言わなかったので、長男にも言わなかった。

長男は快活で、友だちが多く、塾にも行かずに遊んでばかりいたが、高校生活を楽しんだ後、一年浪人して猛勉強し、医学部に入った。今、ＥＲで一生懸命に働き、家庭では子煩悩な父親である。

母性は本能か

一九八〇年、フランス人の哲学者で歴史家でもある、エリザベート・バダンテール女史が『ラムール・アン・プリュス（つけ足しの愛）』と題する評論を発表し、世界中にセンセーションを巻き起こした。

著作は『母性という神話』という邦訳名で出版され、たちまちベストセラーとなる。

その当時、私は大学院生だったが、何人かの教官が驚きをもって話題にしたことを覚えている。その驚きは衝撃に近いものだった。

母性が本能ではないなんて、何てことを言い出すのだろう。

そんな、馬鹿な話があるだろうか？

それでは、人類の歴史が根底から揺さぶられてしまう。

我々人間社会は、母性をあてにし、頼りにすることで、営々と続いてきたのではなかったか。近代化・機械化の波が取りこぼしたものは、わざわざ頼まなくても、豊かで偉大な母性愛が受け皿となって、じっくり育て、いつのまにか世界中を潤してくれるはずだった。それは無償の愛だと信じていたから、とめどもなく依りかかり、甘えていても許されるだろうと、たかをくくっていたのに。

衝撃の中身は大体そんな感じだったと思う。

私たち学生も、児童学を学ぶくらいだから母性があるよね、母親になる前から持ってるよね、などと話し合っていたが、本当のところはよくわからなかった。

田口先生は、

「母性とか母性愛なんて、元々は、ありませんよ。大学にも、母性愛が全然ない人がいっぱいいるじゃないですか。母性愛は、実際に子どもを育てることによって、はじめて芽生えてくるんです。」

といつものように身も蓋もない言い方で見解を述べた。

私は、いつか結婚して実際に自分の子を育ててみて、もしも母性愛の芽ばえを自覚できたら、そこでおもしろい論文が書けるかもしれない、と不埒なことを考えた。

その後、あっという間に二児の母になり、論文を書くどころか、本を読む暇もないほど気ぜわしい生活を送っていたさなか、思いがけない人物の口から、

「ラムール・アン・プリュス」

という美しいフランス語を聞くことになった。
小児科の神様と呼ばれた、聖路加国際病院名誉医長の山本高治郎先生である。

先生は一九一六年、滋賀県に生まれ、東京大学医学部を卒業後、国から要請されて感染症の研究のためパリに留学した経験をお持ちである。

パリ大学医学部の育児学担当教授、マルセル・ルロンの著作、『育児学』を翻訳して日本に紹介した功績も大きいが、岩波新書の『母乳』が毎日出版文化賞を受賞して、先生のお名前は広く世間の知るところとなった。かの有名な日野原重明先生との共著もある。

この山本先生がたまたま近所にお住まいで、子どもたちの主治医だった。

子どもたちは丈夫で、ほとんど病気らしい病気もしなかったが、たまに熱を出すと山本先生に電話をかけて相談する。先生は薬をできるだけ処方しない方針らしく、症状を伝えると、電話の向こうでしばしお考えになってから、

「温かいものを召し上がって、今夜ぐっすりお休みになれば、明日の朝にはおそらく熱は下がるでしょう。もし、明日の朝になっても平熱に戻らないようでしたら、その時はもう一度お電話ください。」

と教えてくださった。そして毎回必ず、先生がおっしゃった通りになった。

中学生になった長男が、年末に風邪をひいたことがある。

ところが、妙に熱が高く、どうもいつもと様子が違う。山本先生に電話すると、即答で、

「それはインフルエンザでしょう。すぐ処方箋を取りに来てください。」

保健所で行なわれる二歳児検診に次女を連れて行った時のこと、広間に並んでいた

五、六名の小児科医のうち、次女に順番で振り当てられた中年の医師は、次女のおなかを見るなり、「奇形だ。」と言った。

「ほら、おなかがこんなにふくらんで、胸の所がへこんでいる。これは肋骨が表裏逆にくっついているからだ。漏斗胸といって、立派な奇形ですよ。中学生くらいになったら、肋骨を逆につけかえる手術を受けなさい。なあに、肋骨をひっくり返すだけだから、簡単な手術です。」

私は頭の中が真っ白になって、娘が不憫で、家に戻っても夫に話すことさえできなかった。

翌朝、山本先生に電話すると、すぐ来なさい、と言ってくださった。先生のお宅の玄関先で、言われるまま、次女のワンピースを頭までまくり上げると、先生は笑いながら、

「奇形でも何でもありません。漏斗胸だなんて、とんでもない。幼児は大体、おなかがでっぱっているから、その上の所がへこんでいるように見えるだけで、そこには、

ハリソンの溝という名前もついていますよ。」

　そんなこともあって、いつしか先生とよもやま話をするほど親しくなった。

　要職を退かれて、暇がお出来になった或る春の日の午後、先生は私を書斎に招じ入れてコーヒーをご馳走してくださったことがある。

「料理は何もできないけど、コーヒーが好きで、コーヒーだけは、豆から挽いていれるのです。」

　と言いながら、先生はミルの把手を回し始めた。

「あなたは珍しいお母さんです。」

「……」

「考えるお母さんです。」

「お茶大で児童学を学んだからです。」

「では、津守真先生に教わりましたか？」

「はい。」

「津守先生が作成された乳幼児発達診断表を、私などはずいぶん頼りにして、拠り所にしていました。」

「今度、津守先生に会ったらお伝えします。」

「あなたは、『ラムール・アン・プリュス』という本はお読みになりましたか？」

「読みました。発表当時はまだ学生でしたが、先生方が大騒ぎされて。」

「あなたはどうお読みになりましたか？」

「それがよくわかりませんでした。母性愛は本能だろうと思いますが。」

「私もそう思います。」

先生は蔵書の並んだ棚から、パンフレットのような薄い小冊子を一部取り出した。

「これを差し上げましょう。」

それは、一九九七年の日本小児科医学会会報NO.13別刷、『母性について——小児科医の立場で——』と題された山本高治郎先生の、特別寄稿の小文だった。

　エリザベス・バダンテールの主張は、母性は本能ではないというものである。

　一七八〇年、パリで二一〇〇〇の出生があったが、うち一〇〇〇〇名が母乳で育てられ、他の一〇〇〇名は家庭で乳母により育てられ、他はすべて遠近さまざまの農村に里子として出された。

里子に出された乳児の死亡率はものすごく高かった。れっきとした記録があるのである。

このような一連の事実によって、「ヒトは、自己愛、異性愛、という本能はもっているが、母性愛という本能はもっていない。それは父権主義者たちが、女性に育児を押しつけるためにつくりだしたかりそめの本能にすぎない」と著者は主張した。

彼女の説くところは魅力的である。私はあやうくその説に引っかかりそうになった。

しかし、本能とは何か、それを定義することなしに議論をするのは危険である。本能を生まれつきに組み込まれた行動の大系と解するなら、母性愛は本能である。私はやはりそう考えるのが正しいと思う。小稿はこの問題について若干の考察をしたものである。

山本先生はコーヒーカップを揃えながら私を振り返り、科学者らしく、端的にこうおっしゃった。

「条件が整わなければ母性愛は発揮されにくいのです。経済的に苦境に立たされていたり、夫婦の仲が険悪だったり、育児についての心配事を聞いてくれる人が近くにいなかったりすると、不安で、赤ちゃんをかわいがって育てるのがむつかしくなるのです。」

「私の好きな、田口恒夫先生という先生は、不安は人類最大の敵、とおっしゃいました。」

「まったく同感です。田口恒夫先生というのは、ＮＨＫの『言葉の治療室』という番組にお出になっていた先生ですか？」

「そうです。」

「良い先生方に恵まれましたね。」

「はい、そうです。本当にそうです。」

山本先生が豆を挽いてサイフォンで淹れてくださったコーヒーは、香り高く、濃く、苦いのにまろやかで、まろやかさの向こうに甘さがひそんでいた。

ふと、フランスでコーヒーと言えばエスプレッソのことだ、とどこかで耳にしたのを思い出し、留学時代、パリのカフェでコーヒーが好きになったのかしらと思い、尋ねてみたくなったが、余計なことまで言いそうな気がして口をつぐんだ。

それから、手紙のやりとりが始まった。今にして思えば、山本先生も、直接会って話すよりも手紙の方を好む方だったのかもしれない。

同じ町内に住んでいるというのに、先生の万年筆のブルーブラックのインクを見るとうれしくて、私もすぐ返事を書き、ずいぶんいろいろと教えていただいた。

「もう勉強しなくても良いじゃないの、といくら言っても、主人は今でも朝早く起きてドイツ語とフランス語のラジオ講座なんか聞いているのよ。」

と奥様は呆れ顔だったが、学究肌の先生は、

「勉強ほどおもしろいことはないんだよ。」

と静かにほほえみ、思い出したように言った。

「あなたも、もの書きですね。やはり文章を書くには、パソコンよりも手書きの方が

脳の働きに合っていると思います。」

私は山本先生が『母乳』の著者なのをいいことに、長らく疑問に思っていたことを、こまごまと手紙で尋ねた。

長女と長男をそれぞれ右と左のひざに乗せ、同時におっぱいを飲ませていたこと、保健婦さんに叱られてもやめさせることができずに、ふたりとも二年も三年もおっぱいを飲み続けていたこと。甘えん坊の次女に至っては、小学校に上がってもおっぱいを離さなかったが、問題はないだろうか。私は、途中何年間かの休みはあったにせよ、足かけ二十年もおっぱいを出していたことになるが、大丈夫だろうか、などなど。

名医の答えは明解であった。

「ふたりの子どもに同時に母乳を飲ませても珍しいというだけで、問題はないでしょう。

離乳離乳とうるさく言うのは日本だけで、一歳になったからと言って断乳を決行しなければならない理由は、実は、ありません。甘ったれになるとか、自立できなくなるとか、歯ならびが悪くなるとか、様々な弊害が取沙汰されますが、どれも根拠はありません。

お子さんにとっては、何よりも素晴らしい精神安定剤ですから、お子さんが欲しがるだけ飲ませるのが良いでしょう。

次女の方とも、よく話し合って、本人の気の済むまで飲ませてあげると良いでしょう。

二十年母乳を出せたことは大変立派です。」

思い起こせば恥じ入るばかりである。

ただ、親となった長女も長男もそれぞれに、子どもへの接し方が上手なので安心している。長男に至っては母性愛があるとしか思えない位だ。

余談になるが、津守真先生に、その後一度お目にかかる機会があったので、山本高治郎先生の言葉を伝えると、津守先生はうなだれて、

「あれは、若い頃に作成したものだから、不十分なものです。」

と自信なげにつぶやいた。

個人差の大きい赤ちゃんを、個人差の大きい親が育てるのである。つまり、個性と個性のぶつかりあいだ。赤ちゃんの成長のおおよその目安や指標のようなものはあるが、それを作製した先生方にもまた、それぞれに個性があるということだろう。

やはり、子どもの成長は、定規を当てて測定して優劣を判定できるようなものではないのだから、ひとりひとり、その日その日、機嫌良く過せるよう配慮するしかない。

その配慮をきめ細やかにできるのが母性愛なのかもしれない。

その母性愛が、付け足しの愛であったとしても、別に邪魔になるわけではない。

自分のことだけ考えていればよかった少女時代の終わりに、恋に落ち、相手のことで頭がいっぱいになって、やがて自分の思い通りにはならなくても相手が幸せなら、という心境に達して結婚し、子どもが誕生する。

まさに愛の結晶であるが、世話のやけることおびただしく、二十四時間体制の重労働が続く。

もちろん逃げ出したくなることもある。

しかし、多くの人は逃げ出さない。

愛を付け足していく人生の素晴らしさにどこかで気がついているからだ。

人がひとり、またひとり、と成長していく。そのひとりひとりを見守り見定め支援していくのが、喜びでなくて何であろう。

待機児童

待機児童、という言葉はいつできたのか、それほど昔のことではないと思うが、この言葉に違和感を覚えたのは、横浜市の林文子市長が、

「横浜市の待機児童は、ゼロになりました。」

と発表した時だった。

横浜という大都市の行政の首長として、市民から要望の多かった待機児童の解消にまっさきに成功したぞ、どうだ、と言わんばかりの得意顔だったのである。

ふと、そのオープンしたての施設に預けられる子どものことを考えた。

母親たちは、キャリアを中断しないため、また、より豊かな生活のため、とりわけ子どもたちの将来の教育費に備えて、精一杯働きたいと思っている。

その願いを受けて、行政側も、保育施設の拡充に乗り出し、有権者の支持を得るために圧力をかけてくる首長の命令に従い、無理に無理を重ねてでも、予算をはじき出して、希望者全員の満足が得られるよう苦慮する。

母親は満足。

父親も満足。

行政側も満足。

首長は大満足。

では、子どもたちは？

〇歳、一歳、二歳、の幼な子たちは、保育所に入りたくて、それまでずっと家で待機していたのだろうか。入所できる日を心待ちにして？

待機児童ゼロを達成したということは、生まれてまだ間もない、右も左もわからない、お母さんに抱かれていたい、おっぱいを飲んでいたい、そういう幼な子たちの、自然の欲求を、当然の要求を、たったひとつの願いを、おとなたちがそろいもそろって、平気で、冷酷に、無残に、踏みにじった、ともいえないだろうか。

預けるのがいけないのではない。

素晴らしい保育士に恵まれて、たいへん幸せな時間を過ごしている子どももたくさんいるし、素晴らしい保育士がいて、設備が整い、行政の指導も行き届き、申し分のない態勢ができているのであれば、子どもは全員通わせても良いと思う。

要は、子どもの心。

子どもの気持ちに、周囲のおとなたちが気を配っているか、理解し、尊重しているかどうか、そこが肝心ではないだろうか。

ユマニチュード

「ユマニチュード」という、認知症ケアの手法がある。開発したのはフランス人で、体育学を専攻した、イヴ・ジネスト氏とロゼット・マレスコッティ氏。

まったく話をしなくなった高齢者と瞳と瞳を合わせ、話し、優しく触るのは、これが、私たち人間が人間になるための重要な関わりだからです。つまりは、『見る・話す・触れる』は生き残りを懸けた行為なのです。

ユマニチュードはこの『見る・話す・触れる』に、『立つ』を加えた４つを、ユマニチュードの４つの柱とし、ケアを行う際の原則としました。立つことは、人としての尊厳を保つために必要なことなのです。これは言い換えれば、『あなたのことを大切に思っている』と伝えるための技術です。

（『「ユマニチュード」という革命　なぜ、このケアで認知症高齢者と心が通うのか』　イヴ・ジネスト、ロゼット・マレスコッティ共著　本田美和子日本語監修
誠文堂新光社）

イヴ・ジネスト氏が、実際に日本の病院で、認知症が進行して歩くこともできなくなった高齢の女性にケアを行っている様子がＮＨＫの番組で紹介された。

ジネスト氏がしゃがんで、優しく腕をなでながら話しかけ、優しく接してケアをすると、女性は車椅子から立ち上がって歩き、ジネスト氏の頬にキスした。

それを見ていたその女性の息子さんが感動して、

「一時間くらい、認知症をまったく感じませんでしたね。」

と、目を見張った。


ジネスト氏は、いかに多くの認知症の人たちが非人間的な扱いを受けているか、そして、そのせいで、もっとずっと人間らしく生きられるはずの日々を、寝たきりになったり拘束されたりして過ごしているかを明らかにし、「ユマニチュード」を紹介

する。
「ユマニチュード」には、百五十の具体的な手法があって、だれでもそれを習得することができるのだそうだ。

人間の世界から遠ざかり、同じ人間でありながらそうは見えなくなってしまった。そんなふうに捉えられている高齢者をはじめとした弱者を、人間らしく生きられる世界、つまりユマニチュードの絆に呼び戻したいと私は思っています。そのために、彼らの瞳を見て話しかけ、触れ、そして立ってもらうのです。『あなたは人間なんだ』という証を示しているのです。
容易なことではありませんし、すべての人が戻ってくるわけではありません。しかし、人間の絆の中に戻ってきて、再び言葉をしゃべり出す人はたくさんいるのです。

イヴ・ジネスト氏は、世界各地に招かれて講演やケアの指導をしているが、日本人が最も愛情と優しさに飢えている、と感じたそうだ。

認知症は、今や、人類にとって、最大の課題と言われている。

科学技術の進歩に、まるで歩調を合わせるかのように、人を人と思わない社会ができあがっていった。

手間のかかることはパス。

面倒なものは削除。

ゆっくりした人は無視。

絶え間なく費用対効果を計算し、利益の最大化を計り、邪魔する者を見下し、ライバルを陥入れ、家族さえも利用するから、身辺にはいざこざが絶えない。

そんな暮らし方をしている人たちが、今の日本の社会を動かしている。

それでも、病人には、医師がいる。障害があっても年をとっても、家族や福祉事務所の担当者や友人や知人がいる。

年金や健康保険料の支給や引き落としが滞りなく行なわれていれば、それは、安否の確認がなされたことになり、経済が回る所には幾重もの監視の目が光っているので、異常は発見されやすい。

異常が発見されれば、対策が立てられ、ユマニチュードのような、秀れた手法も、広く知られるようになる。

でも、子どもは？

子どもたちの悲鳴は？

虐待は親の特権

もの言わぬ命は粗末にされる。

自称、愛犬家の男性がいた。

長年、色々な犬種を飼って、どれも天寿を全うしていたが、ある時訪問すると、飼い始めてまもないコーギーの姿が見当たらない。

尋ねると、「山に捨てた。」と言うではないか。

「僕の言うことを全然きかないからさ。一度山に捨てたら帰ってきちゃってさ、困ったよ。だから、もう一度、うんと遠くの山に捨てに行ったんだよ。」

二度捨てられた犬の気持ちを思った。

山に置きざりにされた時、まさか捨てられたとは思わず、飼主の所へ戻ろうと、一目散に走ったことだろう。

無事に帰り着いて、ほっとしたのも束の間、再び車に乗せられて、どこをどう走ったかもわからない所まで連れて行かれて……。

それでも、きっと飼主を恋しがって鳴いたのではないだろうか……。

それからどうやって生きのびたのだろう。

彼は知らないのだ。何年もたってから、犬を捨てたことへの後悔にさいなまれる日が来る、その怖さを。たとえ、他人にバレなかったとしても、後悔が自分を内側からむしばんでいく恐ろしさを。

「おまえなんか、あたしが生んでやったんだぞ。いつもそう言ってあの子をいじめてたの。」

これは実際に私が、ある知り合いの女性から聞いた言葉で、彼女は一人息子に日常的に暴力をふるっていた。近所の人の通報により、行政が介入したおかげで虐待は止んでいたが、

「母親が息子を好きなように扱って、どこが悪いの。」と彼女は不服そうだった。

虐待死が報じられると、よくも自分の子どもにあんなむごいことができるものだ、という意見が寄せられるが、自分の子どもだから、殺すまでできるのではないだろうか。

あたしが生んだ。

あたしのものだ。

先日、知り合いの若い女性に第一子が誕生したと聞き、赤ちゃんを見に行った。

母子ともに健康で、幸せいっぱいの新米ママと、元気いっぱいの赤ちゃん。赤ちゃんが泣き出すと、新米ママはすぐ抱き上げておっぱいを飲ませた。

吸いつきも良く、おっぱいの出も良く、飲み終わって、げっぷも上手。

すると、ポイ、と赤ちゃんを横に置いた。お人形みたいに。

私は、あっ、と思わず声が出た。

「飲み終わっても、少し抱いてた方がいいのよ」と、つい余計なことを言ってしまったが、素直な人なので、すぐ赤ちゃんを抱き上げて、両腕で包んだ。
赤ちゃんが、体の力を抜いて、幸せそうな表情を浮かべたのがわかった。

「まあ、本当だわ、全然違う。とっても安心してる。教えてくれてありがとう。これからは、授乳後も少し抱っこしてます。」

心身共に健康そのものの人でさえ、生後まもないわが子を、人として扱い、人として尊重するのは、ことほどさように難しい。初めてだから。

「ユマニチュード」とは、フランス語で、「人間らしさ」、または「人間らしさを取り戻す」ことを意味するそうだ。

イヴ・ジネスト氏は次のように言う。

> ケアの場において私にエネルギーを与えるものは何かといえば、それはケアを行う相手から受け取る反応です。その反応が前向きなもの、好意や優しさを示すものであれば、それはケアを行うエネルギーとして私に蓄えられます。看護師に

相手からの反応を受け取ることを禁じているから燃え尽きてしまうのです。私は何かを相手に与えるとき、必ず相手から何かしらの反応を受け取ります。その相手からの贈り物が、私のエネルギーとなります。それが私を前進させてくれるのです。

相手が認知症のお年寄りでも、生後まもない赤ちゃんでも、私が私であるように、相手もかけがえのない唯一無二のその人であって、こちらがこう出れば、あちらはどう出るか、予測のつかない出来事が何かしら起き、あわてたり困ったりしているうちに、人間と人間の関係ができあがっていく。

ユマニチュードの技法が百五十もあるのは、相手が長い人生を生きてきた人だからこそ、気を使わなくてはならない点が多く、敬意を払っている、とわかってもらえるよう、工夫に工夫を重ね、改良に改良を加えた結果だからだ。

一方の赤ちゃんは生まれたてだから、取り扱いは、老人より簡単である。

技法は、たったひとつ。
密着。

幼児教育の経済学

労働経済学が専門で、二〇〇〇年にノーベル経済学賞を受賞した、ジェイムズ・J・ヘックマン氏は、一九七三年からシカゴ大学で教鞭を執っていたが、彼の『幼児教育の経済学』が、二〇一五年、日本語に翻訳されて話題を呼んだ。

今日のアメリカでは、どんな環境に生まれあわせるかが不平等の主要な原因の一つになっている。アメリカ社会は専門的な技術を持つ人と持たない人とに両極化されており、両者の相違は乳幼児期の体験に根差している。恵まれない環境に生まれた子供は、技術を持たない人間に成長して、生涯賃金が低く、病気や十代の妊娠や犯罪など個人的・社会的なさまざまな問題に直面するリスクが非常に高い。機会的均等を声高に訴えながら、私たちは生まれが運命を決める社会に生きているのだ。
生まれあわせた環境が人生にもたらす強力な影響は、恵まれない家庭に生まれた者にとって悪である。そして、アメリカ社会全体にとっても悪である。数多くの市民から社会に貢献する可能性を奪っているのだ。

ヘックマン教授の研究は、四十年以上にわたる追跡調査を踏まえて、幼児期の重要性に焦点が絞られていった。

子どもの能力を測定するのは、普通、ＩＱテストや学力検査のようなペーパーテストで、その成績は点数や偏差値として表される、だが、そういった数値化され得る能力とは別の、もっとあやふやで、評価するのがむずかしい能力があって、ヘックマン教授は、それを「非認知能力」と呼び、実は、それこそが人生で成功し、社会に貢献できる人間になるために、なくてはならないものだという。
「非認知能力」とは、具体的には肉体的・精神的健康、注意深さ、意欲、自信、長期計画を実行する能力、他人との協働に必要な社会的・感情的抑制、などである。

ヘックマン教授は、お酒や薬に溺れがちで病気にかかりやすく、定職を持たず、喫煙習慣のある若い母親の家を専門のスタッフが定期的に訪問し、子どもを育てる力をのばせるよう手助けするプログラムが必要だと言う。

成人してから、学校を中退したり、犯罪に手を染めたり、仕事を失ったりした人を支援することは重要だが、費用も時間もかかりすぎる上、うまくいかないのだ。

じつのところ、子供が成人後に成功するかどうかは幼少期の介入の質に大きく影響される。スキルがスキルをもたらし、能力が将来の能力を育てるのだ。幼少期に認知力や社会性や情動の各方面の能力を幅広く身につけることは、その後の学習をより効率的にし、それによって学習することがより簡単になり、継続しやすくなる。

私には経済学はわからないが、三十年近く、アパートの管理人として多くの入居者と接し、ゴミの分別もできず、家賃を滞納しては言い訳や嘘を繰り返し、催促すると、こちらを脅しにかかるような人の生活が破綻するのを見てきた。

私が脅したのではない。

自ら行き詰まって、ある時突然、姿を消す。

いつのまに逃げたのか、部屋中、足の踏み場もないほど散らかって、台所のひきだしの中はゴキブリの墓場、システムキッチンの土台は腐りかけて、丸ごと取り替えなければならないような惨状。壁紙は引き裂かれ、ドアの真中に穴が空き、シャワーヘッドは壊れて下半分が消えて水は垂れ流し。何もかも一緒くたにして詰め込んだゴミの袋がうず高く積み上げられ、それが居間の半分を占拠している。

その部屋で、母子五人が、どうやって寝起きしていたのか、布団一枚を敷くスペースさえなかった。

いちばんの謎は、四人の子ども、といっても、中学生から高校生までだが、四人が四人とも、学校から戻ると、ただちにこざっぱりした服に着替えてヘッドフォンをつけ、音楽をききながらうれしそうに外出することだった。

一週間ほど草取りをしながら見ていたら、その光景は一週間繰り返されたのである。


家の中は壊滅状態。

家の外では見栄っ張り。


それが普通の生き方、上手な世渡りだ、と思い込んでしまえば、というより、ほかの生活様式を知らないのだから、その子が地道な人生を歩む道理がない。

菓子パンとカップラーメンばかり食べていたその一家がどうなったのか、夜逃げしてからの消息は杳としてわからなかった。


健康的な食生活を続けていくことさえできれば、四人の子どもも、持って生まれた才能や性質を、伸ばすことができたのではないだろうか。

健康的な食生活を営むのには、費用もかからないし、料理は簡単で楽しいということを教えてやりたいと思った。

ひとくちに食生活と言うけれど、食の充実は、すなわち人生の充実である。

食材についての知識に加え、無駄なく無理なく買物をする知恵も必要で、献立作りは総合芸術と言っていいほどの頭の体操、器選び、テーブルマナー、バックミュージック、ひいては、その日一日を精一杯生きたかどうか振り返ってみる心の余裕まで、全部ひとつながりではないだろうか。

食は、一生を通じての最重要課題である。だから、料理ができるようになれば、自分も人も喜ばせることができる。

ヘックマン教授は、専門のスタッフを各家庭に派遣して、母親の就職について相談にのったり、子どもに絵本の読み聞かせをしたりすることで、生育環境を改善できるとしている。

さらに、生活保護費や医療費、犯罪者になってしまった人の更生のための費用があまりにも多額であるため、税金でまかないきれなくなる、と看破し、それよりも、政策によって子育て環境を整えた方が、ずっと安あがりであることを証明した。

令和元（二〇一九）年八月二十二日、朝日新聞の朝刊に、ヘックマン教授と同じシカゴ大学の、デボラ・デーロ教授の談話が載った。

デボラ・デーロ教授は、四十年以上、虐待対策の評価、研究や政策立案に関わってきたという。

おそらく、ヘックマン教授の研究成果を受けて、シカゴ大学では、継続して子どもの問題を追跡していると思われる。


　虐待対策には、魔法のような一つの特効薬など存在しません。それなのに、虐待死が報じられるたびに世間は胸を痛め、リスクがあるなら子どもを保護しなければと、親子を分離する「介入」に解決策を見いだしがちです。

　日本より約三十年早く児童虐待防止法が成立した米国も、同様の空気が社会を支配し、「介入大国」の道を突き進んできました。でも米国は今、予防と早期の家庭支援こそ重要で効果的、という教訓を得ています。具体的には、米国では一九八〇年代までに、通報・調査・保護の態勢が整いました。でも親元に帰れない子の中には、里親家庭を何十カ所も転々とする子もいることが問題になった。分離後も子どもの人生は続くという、当たり前で重い事実に気づいたのです。

そこで九〇年代になると、予防や、親子の再統合のための「親支援」の重要性が見直され始めました。なかでも、特に低所得・初産の家庭を看護師が妊娠期〜二歳に定期訪問するＮＦＰというプログラムは、虐待が半減するなどの効果が実証された。私も開発に参加した、五歳まで通うＨＦＡという家庭訪問プログラムと合わせて全米で支持され、爆発的に広がりました。

妊娠期は、女性にとって大きな変化の時です。助けを必要としやすく、信頼感の中でケアを提供できれば、人生を変える機会になり得る。育児だけでなくパートナーとの関わり方、メンタル、雇用や金銭管理など幅広い問題に関われます。パートナーとも接触しやすく、支援も円滑に進めやすい。

こうした問題が悪化してから親子を分離したり、家族を丸ごと支援したりするのは、コストもかさむ上に効果が得にくく、当事者の親子も支援者もしんどい。予防を重視した、多様な支援が大切です。（略）（聞き手・山内深紗子）

ここで、田口先生、ヘックマン教授、デボラ・デーロ教授の三者の主張をまとめて、望ましい育児支援のあり方を提案したい。

まず、妊娠がわかった時、夫婦そろって公の育児講座に出席し、そこで母子密着育児の重要性を学ぶ。

次に、子どもが三ケ月、半年、一歳になるたび、スタッフが家庭訪問をして、夫婦間・親子間に何かトラブルがあれば、一緒に解決の糸口を探し、改めて母子密着育児の意味を伝える。

その後半年に一度の割合で、同じスタッフが家庭訪問を重ね、困っていることはないか尋ねる一方、母子密着育児が成功したかどうか関係者全員でその場で確認する。子どもが安心してすくすく育っていて、家族関係が円満であれば、その家族への支援はひとまず終了。

これで社会全体の負担は激減するだろう。良い子を育てるのに、そもそもお金なんかそれほどかからない。

しかし一方、個々の家庭から、働かなければ生活できない。まずはお金でしょ、そんな悠長に子どもと遊んでいる暇なんかない、という声が聞こえてきそうだ。

私は株式投資をおすすめしてみたい。自分も働き、お金にも働いてもらおう。

株、と聞いただけで怖がる人が多いが、世の中には素晴らしい会社がたくさんあって、そのほとんどは株式会社なのだから、どの会社が投資にふさわしいか、考えるだけでも社会勉強になる。

自分ひとりで売買するのが怖いなら、投資信託はどうだろうか。

私の場合、二十五歳で結婚し、結婚後も就職するチャンスは何度かあったのに、夫に反対されてずっと家に閉じ込められ、家事と育児と家業の手伝いだけで過ごした。

家業の手伝いと言っても、アパートの管理なので、退去時の原状回復工事の手配や、掃除、草刈、壁を塗ったりふすまを張り替えたり、昔は障子の張り替えもした。大して忙しい訳ではなかったが、長年、管理会社に任せないで、全部ひとりでやりました、と言ったら、税務署の役人が驚いていたから、結構働いたのだと思う。

しかし、四十歳で妊娠した時は、もうこれで社会に出る機会はなくなった、と思い、ちょっぴり淋しかった。

そして、遅まきながら、管理人の仕事で得た報酬と、新聞や育児雑誌に時々埋草原稿を書いていたその原稿料、ただそれだけが、私個人の金融資産であることに気がついた。

　ちょうどその頃、ロバート・キヨサキ氏の『金持ち父さん、貧乏父さん』や、森永卓郎氏の『年収三百万円時代の経済学』がベストセラーになっていた。

　書店をのぞくと、「日経マネー」など、金融関係の情報誌も色々並んでいる。

　およそ二年、次女を育てる傍ら、これらの本や雑誌を読みあさった。

　断わっておくが、もともと経済オンチである。というより、まず算数ができない。けれども、そこは年の功、苦手なことでも時間をかけて、分解して、繰り返し学べば、いくらかはわかるようになる、ということだけは知っていた。

　少しずつ、わかってきた。

　そして、ついに、私でもわかる、だからきっとだれにだってわかるであろう、これはと思う投資信託の会社を発見した。口座を開設するのに費用はかからないし、販売手数料も無料である。

　まず、資料を取り寄せようと思い、おそるおそる電話をかけると、

「サワカミがお受けしました」

創業者である社長（当時）その人だった。感激して彼の著書を取り寄せて読むと、人品骨柄、業績ともに抜群である。

勉強会に出席してみると、社員全員感じが良く、社風も申し分ない。そこで思い切ってファンド仲間に入れていただいたが、ここまでくるのに三年はかかった。怖くて、なかなか決心がつかなかったのである。

リーマン・ショックやコロナ・ショックのような大事件が起きると、その影響は大きく、株価の低迷が長く続くというリスクはある。それでも私は、自分で働き、お金にも働いてもらうという二本立ての生き方を提案したい。

特に、女性におすすめしたい。


結婚、出産、育児。女性のライフスタイルは、男性のそれと比べて、ダイナミックに推移する。それを少しでも安定させるためには経済的な基盤が必要だ。

もちろん、育児支援のためには、一貫して安定的な経済の仕組みを社会全体で作らなければならないのだが、待っているだけでは間に合わないかもしれないので、まず自分で調べ、自分で判断して動いてみよう。

うまい話があるはずはない、とよく人は言うけれど、これは、うまい話ではない。仕組を理解して運用のコツをつかむまでには時間がかかる。だから、私は間に合わなかったけれど、若い方には早いうちから投資を始めてほしい。できれば、十歳位から始めたい。

十歳になったら、口座を開設し、毎年、お年玉の半分を入れるようにする。

二十歳になる頃には、少し、ふえている。

働き始めたら、毎月一万円か二万円か三万円ずつ積み立てていき、年に何回か起こる市場の暴落時には余裕資金をかき集めて投入する。

これを繰り返していけば、三十歳になる頃にはかなりまとまった財産になる。

シャトルシェフという保温調理器がある。魔法瓶のような二重構造になっていて、材料が煮立ったら蓋をして、後は放っておくだけでシチューとかおでんとかポトフのような料理が勝手にできあがる、というすぐれもの。自分以外にもうひとり料理人がいるようで心強いことこの上ない。

長期投資はシャトルシェフに似ている。

私も働く。

お金も働く。

しかも、「運用野郎」と呼ばれる、運用のプロが、常に、世の中に必要で役に立ち、成長が見込めて経営内容も優秀な企業を全力をあげてリサーチしていて、その株価が下がったタイミングで資金を投入する。だから本物の投資は社会貢献でもある。


女に生まれてから出産年齢に達するまでには、三十年もあるではないか。

時間を味方にするコツさえつかめれば、もし仮りに、育児休暇の一年、もしくはそれ以上、給与が出なかったとしても、びくともしない。「運用野郎」の腕次第で、基準価額は右肩上がりに上がっていくから、出金しても大丈夫。

この、大丈夫、という感覚が自分のものになるのには、やっぱり時間がかかるので、ぜひ、若いうちから始めてもらいたい。試してみて、どうしても性に合わなければ、やめればいい。

本当ならば国が、育児支援金ではなくて例えば「密着費」という名称で、子どもが二歳になるまで、第一子なら月に三万円、第二子は月四万円、第三子は月五万円、というふうに支給するのが理想的であろう。

また、日中、子どもとふたりきりで過ごす母親が、世の中から置いてきぼりにされたような不安に苛なまれる、という話を聞くが、長期投資を月一万円ずつ積み立てていくだけでどれほど励みになることか。新聞の朝刊には投資信託の基準価額が掲載されるし、月次レポートも届くし、何よりも置いてきぼりどころか、私の一万円も、世界経済の最前線で日々休みなく熱戦を繰り広げているという実感がある。

お金の亡者になるのではない。

安心して暮らすため、安心して子どもを育てるため、子どもに安心して大きくなってもらうためである。

同じ心ならん人

今、私は四人目の孫の誕生を心待ちにしているところだが、孫が誕生するたびにつくづく思うのは、そのつど、そのつど、必ず、まったく新しい人が生まれ出づるという、この不思議。

男の子がいいとか、女の子がいいとか、どの子がかわいい、この子はだれに似た、やれ有名幼稚園に入れるべきか、習い事はどうしよう、などなど、心配の種は尽きないが、そんなことは本当はどうでもいい。

命、ひとつ。

ほかのどの命とも取り替えられない、唯一にして無二の新しい命。

たまたま不具合があったりすると、障害障害と騒ぎ立てられ、まるで欠陥商品のように扱われるけれども、本人は、改良に改良を重ねて生きていくのだから、その人生全体を眺めれば、完璧な出来栄えではないか。

「本当に愛した人だけが、個性を発見する。」
と言ったのは、『夜と霧』で有名な、アウシュビッツ収容所から生還した精神科医の、ヴィクトール・フランクルだった。

母親が、我が子の持ち味を愛でなければ、その子は偏差値でしかない。

フランクルの著書は何冊も読んだのに、覚えているのはこの一行だけ。

それは、この一行が、私の心に、何の抵抗もなく入ってきて、透み通り、定着したからで、それによって、そこからは、この一行を踏まえたうえでの人生へと変化した。

同じようにして、多くの先人たちの知恵を拝借、ではなくて受け継いだので、必要とされるようなら、私も次のだれかに渡したい。

また不思議なのは、子どもの頃から考えあぐねている課題を、忘れずにかかえたままでいると、ある時ばったり解答に出くわすことである。

街角を曲がったとたん、霧が晴れたように視界が開けて、世界が明るく輝き出す。

それは、朝刊の片隅の小さな記事や、ラジオでふと耳にしただれかの言葉がきっかけになって、心の内側の余計な膜が、するりとはがれおちた瞬間だ。

その日から、また新しい自分を生きていく。

フランクルだけではない。大勢の、個人授業を受けたに等しい、素敵なエッセイスト、小説家、音楽家、画家、漫画家などの、宝石のような言葉と音と色彩を道連れにして。

長く生きるにつれて、道連れも増えていく。

ひとり、またひとり。

実在の人物とは、感情の行き違いから、別れることもままあるが、とうの昔に死んだ人たちは、もう二度と死ぬことはないから、いつまでも信頼関係は続いていく。

田口先生は、世の中をできるだけ平和で、持続可能なものにするためには、人間が人間らしく育たなければならなくて、そのためには密着育児による心の安定が不可欠である、と五十年も前から気がついていて、一貫して同じ主張を続けていたのだ。

育児の理論には、はやりすたりがある。

今では悪名高きスポック博士の育児書も、一九四六年の発表当時は、最高の育児法とあがめ奉られて、聖書の次に売れた本、とさえ言われたのである。

しかし数十年後、多くの教育関係者やカウンセラー、小児科医、精神科医らが、その悪影響の後始末をさせられることになった。

そして、まるで、はやり病のように、有名私立幼稚園や小学校、中学校に我が子を押し込もうと、熾烈な受験戦争に血道を上げる親たち。

その子が、その子らしい人生を、自分の力で切り開いて、その子らしい幸せを自分でかみしめて生きていくには、その子自身の気力と体力がものをいう。あとは、感受性。人に対する優しさや思いやりが大切だと思う。

科学技術はもとより、政治経済の方面でも世界のトップレベルの頭脳が持続可能な開発目標を掲げてしのぎを削っているけれど、何と言っても、基本は人である。

自己中心主義や拝金主義といった、多くの人間のおちいりがちな風潮が、そう簡単に変わるとは思わないが、田口先生がよく、

「何か困っていることはありませんか?」

と、立場の弱い人や幼い者に尋ねて、できる範囲で助け舟を出していたのと同じようなやり方を、みんなが心がける、というのはいかがだろう。

ペット・ロス

去年、犬に死なれた。

ペット・ロス、という言葉は昔から知っていたが、犬が死んだくらいで、と昔は思っていた。

自分が犬をなくして、はじめてわかった……こういうことだったのか……と。

うちが一番にぎやかだった頃、五人家族に犬一匹、鴨は何家族も庭を歩き回っていた。

長女が独立し、長男も独立し、夫が六十三で他界し、それからまた時は過ぎて、次女も大学の近くでひとり暮らしをするために家を出、鴨も老衰やらタヌキに食べられるやらで少なくなった。

だから、寝ても醒めても犬と一緒だった。

たまに体調がすぐれない時など、心配そうにすり寄ってくる。お風呂に入れば、扉の前で待っている。話しかければ、ウンウンと肯き、ハーモニカを吹くと、唱和して、オーンオーンと歌った。昼寝していると、いつの間にか、体をくっつけて、犬も熟睡している。犬の安らかないびきを聞いていると、まるで子守り歌のようで私もいっそう深い眠りに落ちていく。

そのはてしない優しさ。全き信頼。

いつしか、犬と私は、本物の相棒、真の恋人同士になっていた。

何という平和な日々だったことだろう！

その犬に死なれて、あんなに悲しい思いをするなんて……。

公園へ行って、よその犬を撫でさせてもらったり、お世話になった動物病院の院長夫妻に会いに行ったり、犬仲間になぐさめてもらったり、友人たちの優しさにすがりついて、半年ほどたって、ようやく元気が出てきた時、はっと気づいた。

これは、母子密着育児の崩壊だと。

立場としては、犬が母親で私が子どもであった。犬が私を無償の愛で愛してくれたのである。その犬がいなくなって、打ちのめされ、胸がはりさけそうになっている、という意味の、母子密着育児の崩壊。

お説教もせず、見返りも求めず、ただひたすら体をくっつけて、いささかもブレることなく、一貫して、徹頭徹尾支えてくれた。

言葉は、いらなかった。

同じ体ならん。

同じ心ならん。

ペット・ロスを経験してはじめて、母子密着育児の本当の意味を身にしみて理解することができたのである。

密着の効用は絶大であった。幽明境を異にした今でも、心から、体から、仲良くできたあの幸せは消えずに残っている。

疑問の余地もない、水も漏らさぬ愛だった。

今もこの手に残る、あたたかな犬の毛の感触。毛並みの流れの方向まで覚えている。

さらに、感触が感触を連れてくるのか、十年前にこの世を去った夫に、頬ずりした時の、ざらざらした剃り残しのヒゲと、病のせいでやせ細ってこけた頬の窪みまで、まざまざと思い出す。

密着の幸せがこれほどまでに続くものならば、そこから逆に、母子密着育児の意味するものの大きさを推し測ることもできよう。つまり密着経験のないままおとなになると、心に大きな穴がぽっかり開いたままで生きていかなければならず、成長するにつれて不安が不安を呼び、その穴は大きく暗く広がっていく。しかも、その穴の正体を、本人は探り当てることができないのだ。

これは悲劇である。

二〇二〇年八月四日の朝日新聞朝刊に、「イヌを飼うと思春期の子に好影響」との見出しで、次のような記事が掲載された。麻布大学や東京都医学総合研究所の調査結果である。

ヒトの幸福度は１０歳ごろから徐々に下がるとされるが、①イヌもネコも飼わない②イヌを飼う③ネコを飼う、の３グループの中で、イヌを飼う家庭の１２歳時の幸福度の下がり方が最も低かったという。子の性別、きょうだいの有無、親の年齢や収入などの影響を除くよう補正して計算しても、結果は変わらなかったという。

十歳といえば「変わり目」の年齢で、本格的に「自分」を持ち始める年齢だった。だから、それまでは、その子の中から自然に出てくるものを楽しみに待ちながら、できるだけのびのびと育てるのが望ましいと思う。しかし、それがなかなかできないし、十歳くらいになると、子ども自身も、どうしても周囲が気になりだして、とかく不安に陥りやすい。

しかし、犬と一緒に暮らしていれば、犬が子どもに密着してくれるので、その子はずいぶん助かるのではないだろうか。

犬は、「塾へ行きなさい」とも「お兄ちゃんは勉強ができるのに」とも言わず、慈愛に満ちたつぶらな瞳でじっと見つめ、その体のぬくもりでもって愛してくれるのだから、この時期の育児は人間よりも犬の方が適任かもしれない。

うぐいす色の上着とかつお菜

田口先生には、一男一女があり、息子さんは、信州で山小屋を経営している。先生なきあと、その山小屋に、二、三度泊まりに行って、やはり遊びに来ていた先生の奥様と、そこで落ち合った。

「田口先生は、いつも教室で、うぐいす色の上着を着ていらっしゃいましたね。」

「あれは、自分で、アメリカで買ってきたのよ。」

と奥様も懐かしそう。

古い木造校舎の階段状になった三十一番教室で、

「学校なんか、なくしちゃえばいいんです。義務教育なんて、富国強兵、生産力向上のために、平和的な子どもに何をどのように教えるか、指導要領に定めて、それを一斉に押しつけたものですからね。
すべてにおいて平均値の子なんかいない。みんなそれぞれ。上中下、なんかない。違いがあるだけです。ディファレンス。それだけ。

それぞれの子どもに合った教育を、その子に合った教育法を探しながら、その子の才能の限界まで、思いっきり伸ばしてやる、それが、民主主義の教育じゃないんですか。違いますか？　学校なんかいらないよ。学年もとりはらって、一年生も五年生も障害のある子もない子も一緒に遊ぶ。

学科は、体育とか音楽とか、あとは全部休み時間。人づきあいのできない子なんていなくなる。しゃべれない子もいない。だれも困らない。

その代わり、理科や数学の抜きん出た才能のある子には、家庭教師みたいなのをつけて好きなだけ勉強してもらう。

六歳になって、学齢に達したからといって、何が何でも入学させるというのがおかしい。何か障害があって、何らかの理由で、もうすこし、あと一、二年は、うちにいた方が良いよ、って子どもがいたら、一年か二年猶予してやったらいい。その子も親も、どんなに助かるか。

日本にも、しゃべれない、人とつき合うことのできない、「ヘンな子」がどんどん増えてきた時、どうしてこうなっちゃったんだろうって、ずいぶん、しつこく、よーく考えました。考え抜いて辿り着いた答えは、母子密着育児の崩壊。

原因はこれです。

お産の仕方が劇的に変わり、子どもは授かりものではなくなって、コントロール可能なものになった。おんぶもだっこもしないでミルクで育てると、母と子が密着しないまま、赤ちゃんは体だけ大きくなる。

しかし、何か、不安で、おどおどした、カゲのうすい、モノには興味を示すが、人には興味をもたない、友だちのできない子どもになって、成績は大体中の上、いちおう高校、大学まで行けることは行けるが、異性にはもてず、やっと結婚して子どもが生まれても、愛情を示せない。

それが、何代も続くうち、どんどんヒドクなっていく。

虐待、子殺しが増え、極端になると無差別殺人までいきつくかもしれない。」

「義務教育を権利教育とでも言い換えて、中味も思い切って変えちゃって、子どもひとりひとりに教師がくっついて、その子の良さをみつけて伸ばす。それには、大変な数の教師が必要になるから、うちの大学も全部児童学科にしてしまう、というのは冗談としても、各都道府県の各ブロックごとに、児童学科を作って、本当に子どもを大事にする教師を育成する。」

いつも同じうぐいす色の上着姿でそう言っていた先生。

私は、なぜ、四十年も前のことを、こんなにはっきり覚えているのだろう。

あの頃は、あまりわかっていなかった。密着、密着、と言われても、はたちそこそこで、密着する男性を探し当てるのに夢中だった。ただ、先生の、児童学科の学生達に対する期待だけを感じ取っていた。先生は、少なくとも、児童学を、世になくてはならない大事なもの、と捉えていて、子どもに関わるあなたがたが、しっかりしてくれよ、と激励していたのである。

今回、本を書くために、もう一度、先生の奥様にお目にかかって、直接お話を伺おうと思い、去年の十二月、約二十年ぶりで、次女と一緒に栃木県まで出かけていった。

奥様はお元気だった。

九十歳を超えて、どこも悪い所がないという。二度のお産で入院した以外、医者にも、歯医者にもかかったことがないそうだ。

農園は、縮少されていたが、二十年前と同じ場所に、同じかつお菜が群生し、青々と、見事な葉を茂らせている。

「あの頃の種がこぼれて、それをずっと食べているのよ。」

パーマカルチャーも健在だった。

やりましたね、先生！

「亡くなった人は、この世を去る代わりに何か大きなものを残していってくれる。」

私が夫をなくした時、奥様からいただいたお手紙のこの文章に支えられたこと、残していってくれた大きなものの方に軸足を移そうと考えたことを思い出した。

「主人は子どもの頃、ものすごい甘えん坊だったんですって。」

スクープ！

あの田口先生が甘えん坊だった！

「九人兄弟の末っ子でしょ、お母さんにいつまでも甘えて甘えて、大変だったそうよ。」

先生の母親は「りゅう」という名前で、たいへん頭の良い人で、寺子屋に四年行っただけだったのに、秀才ぞろいの息子たちよりも読み書きが達者だったとか。

「父親なんか、いてもいなくてもいい。」

などと先生が昔、乱暴なことを言ったのは、母親に密着できて満足だったからかもしれない。


「母親はあこがれのアイドルだから、ちゃんと育った子どもは、アイドルを、好きな人を、悲しませまいとします。」と印象に残るセリフもあった。

好きな人を悲しませまいと思えば、おのずから、我が身を律するようになる。

それこそ本当の自律ではないだろうか。

甘えん坊だから、単純明快だったのだ。

甘えん坊だから、ユーモラス。

甘えん坊だから、戦争が始まって、なぜ、はたちそこそこで死ななければならないか、悩み苦しんで、とうとうしまいには、自分を育ててくれた母や姉を守るため、という結論に辿り着いて、無理矢理自分を納得させることができたのだ。

甘えん坊だから、お母さんにくっついていたその幸せが、いかに長い間、自分のよりどころになったか、自覚できたのだ。

田口理論とは、甘えん坊の理論だったのである。

「いつも純粋で最後まで少年のようでした。」

先生は、五十年の余、連れ添った人からこれほどの賛辞を送られるような人物だったのだ。

「あなたも、御主人を早くなくして。」

「主人も、心のきれいな人でした。」

亡くなる少し前、

「あたしたち、長い間かかって、本当に仲よくなれたわねー。」と言ったら、夫は「うん」と言って、それから二度うなづいた。

先生が北海道大学を選んだ理由もはじめて知った。

「北海道なら食材があるだろう、と思ったんですって。」

「ところがそうでもなくて、学費も続かなくなってきて、もう大学をやめようかと思って、教授に申し出たら、自分ちに来いって、言ってくださったんですって。終戦直後の、物資の乏しい、食料難の時代に。」

「上野博士、っておっしゃったわ。お子さんが、四人か、五人いて、御自分だって大変だったのに、一緒に、自分ちに、住まわせてくれたんですって。一番年長のお兄さんのような存在になったみたいね。」

奥様と先生のなれそめに水を向ける。

「兄が、静岡高校に入学したので、一家で静岡に引越したの。兄と主人は、静岡高校の同級生で、友だちだったの。静岡に移るまでは、千葉県館山にいたのよ。」

「お生まれも館山ですか？」

「秋田なの。生後半年で館山に移ったけど。父がね、結核だったから、病気療養のため、空気のきれいな所へ引越ししたの。だから、父はいつも、家にいたのよ。四十二で、亡くなってしまったけど。」

夭折した方の職業については聞かなかったが、芸術家だったような気がした。

いつだったか、先生が、

「家内が、綺麗な版画の作品をもらったと喜んでね、あんなものであんなに喜べるなんて、やっぱり育ちが違う。」

などと、しきりに感心していたのを思い出したからだ。

奥様は、美しいものがお好きだった。
その日も、ひとり暮らしの台所の窓辺に、黄色の可憐な花の色が際立つように、別の緑の葉で囲んで、ガラス瓶に飾ってあった。

九十歳を超えても、身のこなしは軽やかで、居ずまいはりりしく、生後半年しか居住しなかったにもかかわらず、秋田美人の面影がある。色彩が全然わからなかった先生も、友人の家に遊びに行った時、ちら、と見かけたおさげの少女を、かわいいな、と思ったのだろう。生涯でたった一度だけ発現した美意識が大当たりだったのだ。

「北海道大学の医学部を、ようやく卒業して、久黒浜の結核療養所でインターンをして、それから東大の医学部の助手になったのよ。診察代としてその頃は貴重だった卵をもらって、白衣のポケットに入れておいたら割れちゃった、なんて言ってたわね。でも、そのあと白衣を着ることはなかったの。白衣を着ない方が、相手が安心するから、って言ってたわ。
私たちずっと、手紙のやりとりをしていたの。私が二十五の時、結婚したのよ。

それから、五十年以上、一緒にいたわね。私、幸せかもしれない。」

「はじめてこちらにお邪魔した頃、先生は七十歳くらいで、戦争で、はたちで死ぬはずが、五十年丸もうけ、っておっしゃって、それから、さらに十年、ここで、先生の王国で、奥様と好きなことだけして暮らすことができたんですね。」

「そうね、主人とふたりで、本当に、楽しいことがたくさんあったのよ。楽しかったわ。主人が亡くなってしばらくは、淋しかったけど、でも、たくさんの思い出があるもの。」

本当に愛した人の、満ち足りた言葉であった。

後書き

学者でも何でもない私に、田口理論について書く資格があるのだろうか……と思い悩み、なかなか書き進めることができず、困って、苦しんでいた頃、農業に関心のある若い人たちと知り合った。

それぞれ子連れで畑に集まり、荒れ地をあっという間に農園に変えたお手並みも見事だったが、池を作ったり、ミミズを飼ったりして、そのやり方が、見ているとどうもパーマカルチャーなのである。

聞けば、リーダーの青年は、田口先生が訳したパーマカルチャーの本のかねてからの愛読者で、職業はパイロット、「アメリカでは今、パーマカルチャーがすごく盛んですよ。」と教えてくれた。

子どもたちは畑の端で群れ遊びに興じ、素直で、のびのびしていて、それでいて人の心の機微をよく理解している。

親たちは、我が子・よその子の区別なく、かわいがったり叱ったりしている。

三方を山に囲まれた谷戸の畑は、木と草の香りが波を打ち、冷たい風が吹き抜ける中を子どもの歓声が響き渡って、まるで、この世の楽園を見ているような気分になった。

ふと、この楽園は、どこかで見た覚えがある、と思った。

しかし、そうではない。そうではなくて、この楽園は、田口先生の夢だったのではないかしら……。

そして気づいた。

先生は、農業や子育てのような、人類の存続にかかわる命の問題を常に見据えていて、問題の本質を見通して、その解決策まで提示した、稀有の人だったのだと。

今回も、冬花社の本多順子氏にお世話になりました。

何度も書き直しをして大変お手数をおかけしましたが、本多氏が私の原稿を待っていてくださることを思えばこそ、書き上げることができました。

田口先生が天に召されてから十五年、その間ずっと、先生のことを書かなければと思い続けてきましたが、それはつまり、先生なきあとも先生に支えられてきたということです。

本書を、謹んで、田口恒夫先生の御霊に捧げます。

二〇二〇年　晩秋

桐ヶ谷まり（きりがや　まり）

1956年、山梨県生まれ。エッセイスト。お茶の水女子大学家政学部児童学科卒。同大学大学院家政学研究科児童学専攻修士課程修了。在学中、付属小学校の非常勤講師を一年間務める。

一男二女を育てるかたわら、新聞、雑誌に書評やエッセイを寄稿。

著書に『きらめく子どもに育てる十年の魔法』（2002年、リヨン社）、『生粋―マリリン・モンローあるいは虐待された少女の夢』（2016年、冬花社）、『或る映画監督の回想』（2017年、冬花社）、『女ともだち』（2019年、冬花社）

田口理論——母子密着育児を提唱した田口恒夫先生との三十年

発行日　二〇二一年一月八日

著　者　桐ヶ谷まり

発行者　本多順子

発行所　株式会社 冬花社
〒二四八-〇〇一三　鎌倉市材木座四-五-六
電話：〇四六七-二三-九九七三
FAX：〇四六七-二三-九九七四
http://www.toukasha.com

印刷・製本　精興社

ISBN978-4-908004-42-1　C0095